POLYGLOTT on tour

Finnland

W0349677

Die Autoren

Reinhard Rode
nennt seine erste Finnlandreise vor mehr als 20 Jahren eine Begegnung der besonderen Art. Seit 1989 lebt er in Finnland und arbeitet als freier Journalist und Korrespondent für Radio, TV und Printmedien über politische sowie kulturelle Themen. Er ist auch als Buchautor tätig.

Riikka Krenn
ist gebürtige Finnin und hat Kommunikationswissenschaften studiert. Themenschwerpunkte der Journalistin sind Reisen, Kultur und Lifestyle. Sie verfasste ein zweisprachiges Kinderbuch und arbeitet als Chefredakteurin bei Rantapallo, Finnlands größtem Reiseportal.

Das System der POLYGLOTT Sterne

Auf Ihrer Reise weisen Ihnen die Polyglott-Sterne den Weg zu den bedeutendsten Sehenswürdigkeiten aus Natur und Kultur. Für die Vergabe orientieren sich Autoren und Redaktion am UNESCO-Welterbe.

*** eine Reise wert ** einen Umweg wert * sehr sehenswert

Unsere Preissymbole bedeuten:

Hotel (DZ)		Restaurant (Menü)	
●●●	ab 100 €	●●●	ab 30 €
●●	60 bis 100 €	●●	13 bis 30 €
●	unter 60 €	●	unter 13 €

Reiseplanung

Land & Leute

Unterwegs in Finnland

Großbürgerlicher Klassizismus, kühle Architektur der Gegenwart, maritime Lebendigkeit, Design-Shopping in schicken Boutiquen oder gut bestückten Outlets, Nachtleben, das schon am Nachmittag beginnt und erst in der Morgensonne endet: Helsinki ist immer im Trend.

Malerische Küstenorte wie Porvoo an der alten Königsstraße am Finnischen Meerbusen, freundliche Wiesenlandschaften und im Osten, nahe der Grenze zu Russland, beeindruckende Stromschnellen in Imatra, das – wie Lappeenranta, Lahti oder Tampere – eines der Tore zum riesigen Seengebiet ist.

Die Schweden prägten das Bild der alten Städtchen, die Eiszeiten die zauberhafte Schärenküste mit Tausenden von Inseln und schönen Stränden, deren Hinterland sich sehr musikalisch gibt. Inselspringen auf Åland macht mit einem Fahrrad doppelt Spaß.

Europas viertgrößtem Seengebiet verdankt Finnland seinen Namen »Land der tausend Seen« – mit einem Mökki für jeden. In Karelien, wo Elias Lönnrot die Verse für das Kalevala-Epos sammelte, sind in den Wäldern noch Bär und Luchs heimisch.

Echt gut!

Karten

Reiseplanung

Finnland im Überblick][Die schönsten Touren][
Klima und Reisezeit][Anreise][Reisen im Land][
Sport und Aktivitäten][Unterkunft

Die Reiseregion im Überblick

»Das Land der tausend Seen« wird Finnland häufig genannt – und so erlebt man es Tag für Tag, hundertfach, tausendfach, denn mehr als 188 800 Seen hat das Land. Seen und Wälder, die Schärenlandschaft der Küste, Lapplands weite Wildnis – es ist die Natur, die viele nach Finnland zieht. Die Farben der Landesflagge symbolisieren die Naturverbundenheit der Menschen: Blau und Weiß wie Wasser und Schnee, wie der finnische Himmel im Sommer oder an klaren Wintertagen.

Aber Finnland ist auch urban. Die Hauptstadt **Helsinki** hat sich seit den 1990er-Jahren rasant zu einer europäischen Trendmetropole entwickelt – und dennoch bietet sie unberührte Natur und schöne Wandermöglichkeiten nur 25 km von der Innenstadt entfernt im Nationalpark Nuuksio. Architektonisch steckt Helsinki voller Originalität. Dort trifft urfinnische Nationalromantik auf zeitgenössische Kultur. Design, Technologie, Mode, Kunst und Musik: Dies alles ist das Helsinki von heute. Eine intime Metropole.

In **Südfinnland** und an der **Westküste** erlebt man Landschaften, die einen spontan »Typisch finnisch!« denken lassen: rote Holzhäuser, malerische Küsten oder alte Stadtkerne wie der von Rauma. Wasser ist überall gegenwärtig. Städte wie Turku, Tampere oder Lahti erlangten Bedeutung durch ihre Lage an Seen oder am Meer. Einzigartig sind die autonomen **Åland-Inseln.** Mit dem Fahrrad unterwegs, taucht man ein in eine farbenfrohe Inselwelt, die den Alltag schnell vergessen lässt.

Das Flair der Windjammerzeit ist auf Åland noch zu spüren

Die **Finnische Seenplatte** und **Karelien** sind Gebiete, in denen der Traum von einem Sommerhäuschen, dem Mökki, auf der eigenen Insel mit eigenem Boot und Sauna und vor allem viel Privatsphäre zu verwirklichen ist. Karelien und Kainuu sind außerdem aufs Engste mit Elias Lönnrots Nationalepos Kalevala verknüpft. Dort, wo es eigentlich nur Wald gibt, entdeckt man die Ursprünge der finnischen Kultur, denn – so heißt es – die finnische Seele lebt immer noch im Wald, auch wenn der Körper der modernen Finnen in die Stadt gezogen ist.

Für Wanderfreudige ist **Lappland** ein Traum, Europas letzte Wildnis mit Bären, Elchen und Rentieren. Luchs, Fuchs und Wölfe haben hier eine Heimat. Unvergessliche Eindrücke hinterlassen die beruhigende Weite der Landschaft und die leuchtenden Farben der *Ruska,* der Herbstzeit, die früher als im Süden einem Winter endloser Schneeweiten weicht. Wer hier reist, muss Zeit mitbringen. Nicht weil es so viel Verkehr gäbe – auf etwa 30 % der Fläche Finnlands leben nur rund 3 % der Bevölkerung –, sondern weil die Natur so entspannend wirkt: Hier hat man keine Lust auf Tempo, hier macht die Seele Urlaub.

Die schönsten Touren

Helsinki und Rovaniemi – Ostsee und Polarkreis in einer Woche

–1– Helsinki › Rovaniemi

Distanzen:

Helsinki › Rovaniemi 815 km

Verkehrsmittel:

In Helsinki kommen Sie zu Fuß oder mit öffentlichen Verkehrsmitteln gut zurecht, kostengünstig mit der Helsinki Card › S. 58. Nach vier Tagen Hauptstadtbesichtigung fliegen Sie 815 km nach Rovaniemi in nur 75 Minuten. Auch dort sind Sie mühelos zu Fuß oder mit dem Bus unterwegs. Wer die Wildnis rundum genauer erkunden möchte, kann sich für die letzten Tage am Flughafen oder erst in der Stadt einen Wagen mieten.

Für die finnische Hauptstadt ****Helsinki** sollten Sie vier Tage veranschlagen. Am ersten Tag nehmen Sie die **Tram 3T/3B** › S. 54, auf deren Route die meisten wichtigen Sehenswürdigkeiten liegen. Der Vorteil dieser Linie: Sie können ein- und aussteigen, wo Sie wollen. Den lebendigen ***Markt Kauppatori** › S. 58 am Hafen und den *****Senatsplatz** › S. 59 mit dem berühmten ***Dom** › S. 60 dürfen Sie auf keinen Fall verpassen. Den zweiten Tag verbringen Sie in frischer Luft auf der Seefestung *****Suomenlinna** › S. 68. Je nach Lust und Laune nutzen Sie Tag drei für **Museen, Einkaufen** › S. 64 und nordisches **Nachtleben**

› S. 66. Am vierten Tag fliegen Sie am Nachmittag oder Abend zum Polarkreis nach ****Rovaniemi** › S. 126. Dessen Attraktionen füllen den fünften Tag. ****Arktikum**, die ***Jätkänkynttilä-Brücke** › S. 126 und **Alvar Aaltos Architektur** machen die Stadt im hohen Norden sehenswert. Am sechsten Tag wird der ****Polarkreis** › S. 128 überschritten: 8 km nördlich von Rovaniemi verläuft die magische Linie, und dort kann man auch den Weihnachtsmann im **Joulupukin Pajakylä** › S. 128 besuchen. Per Mietwagen geht es vom Polarkreis in Richtung der Fjällgebiete **Pyhä** › S. 135 und **Luosto** › S. 133, bevor Sie am siebten Tag zurück nach Helsinki fliegen.

Zwei Wochen mit dem Auto quer durch Finnland zum Polarkreis

–②– Helsinki › Lahti › Jyväskylä › Viitasaari › Nationalpark Pyhä-Häkki › Oulu › Kemi › Tornio › Rovaniemi › Helsinki

Distanzen:

Helsinki › Lahti 104 km; **Lahti › Jyväskylä** 167 km; **Jyväskylä › Viitasaari** 99 km; **Viitasaari › Oulu** 239 km; **Oulu › Kemi** 108 km; **Kemi › Rovaniemi** 117 km
Fahrtstrecke gesamt : 834 km
Flugstrecke **Rovaniemi › Helsinki** 815 km

Verkehrsmittel:

Die Tour führt quer durch Finnland über die Landesstraße 4. Es genügt, den Mietwagen in Helsinki erst für den dritten Tag zu buchen, wenn es aus der Stadt in Richtung Norden geht. Die Tagesetappen sind nicht lang und die Straßen gut, aber planen Sie ausreichend Zeit ein, weil man meist nicht schneller als 100 km/h fahren darf. Der Wagen wird in Rovaniemi abgegeben, zurück nach Helsinki geht es mit dem Flugzeug.

Die ersten zwei Tage sind für das Hauptstadtleben in ****Helsinki** › S. 52 reserviert, wobei man mit der Straßenbahnlinie **3T/3B** › S. 54 vom Hafen aus die wichtigsten Sehenswürdigkeiten erreicht. Am dritten Tag fährt man abends nach ***Lahti** › S. 82, wo am vierten Tag das **Skimuseum** und die **Skisprungschanzen** nicht nur Sportfans begeistern werden. Am fünften Tag lohnt es sich früh aufzustehen. Die Strecke von Lahti nach ***Jyväskylä** › S. 110 ist zwar nicht lang, aber auf der Route liegen zwei Orte, die einen Besuch wert sind: **Muurame** › S. 112 mit

Herbststimmung in Lappland, wo es mehr Rentiere als Menschen gibt

dem **Saunadorf** und **Säynätsalo** › S. 111 am See Päijänne, bekannt für Alvar Aaltos Architektur. Die Tage sechs und sieben verbringen Sie in Jyväskylä: In der Hauptstadt Mittelfinnlands laden die Einkaufsstraßen zum Bummeln ein und die Museen, z. B. das ****Aalto-Museum** oder das **Museum für Handwerk und Kunstgewerbe**, machen mit finnischem Design bekannt. Einen Ausflug wert sind das Freizeitzentrum **Varjolan Tila** › S. 111 inmitten von **Laukaas** wunderschöner Seenlandschaft und die alte Holzkirche von ****Petäjävesi** (UNESCO-Weltkulturerbe) › S. 112. Am Tag acht geht es nach **Viitasaari** › S. 112, für Naturfreunde mit Abstecher in den **Nationalpark Pyhä-Häkki** › S. 112.

Am neunten Tag steht die längste Etappe der Tour bevor: 239 km von Viitasaari nach ***Oulu** › S. 129, bekannt als Universitäts- und Technologiestadt. Gönnen Sie sich hier zwei Übernachtungen und Zeit für Besuche im Wissenschaftszentrum ***Tietomaa,** auf der ***Vogelinsel Hailuoto,** in den Museen für Volkskunde und Kunst sowie den Marktbummel. **Kemi** › S. 130 ist das Etappenziel am Tag elf. Spannend sind dort der ***Eisbrecher Sampo** und eine Edelsteingalerie, im Winter das **Eisschloss Lumilinna.** Am zwölften Tag in ****Rovaniemi** › S. 126 angekommen, haben Sie noch zwei Tage in Lapplands Hauptstadt zur Verfügung – für Shopping, einen Architekturspaziergang und lohnende Abstecher. Wer noch keinen Elch gesehen hat – im hervorragenden ***Tierpark** von **Ranua** › S. 129 für nordische Tierarten haben Sie Sichtungsgarantie! Und der ****Polarkreis** › S. 128 liegt nur 8 km nördlich von Rovaniemi – dort, wo der Weihnachtsmann wohnt.

Drei Wochen im Land der tausend Seen

3 Helsinki › Porvoo › Loviisa › Kotka › Hamina › Lappeenranta › Imatra › Savonlinna › Varkaus › Leppävirta › Kuopio › Nilsiä › Nurmes › Kuhmo › Kajaani › Kuusamo › Posio › Rovaniemi › Kemi › Oulu › Kokkola › Seinäjoki › Tampere › Turku › Helsinki

Distanzen:

Helsinki › Porvoo 50 km; **Porvoo › Loviisa** 37 km; **Loviisa › Kotka** 46 km; **Kotka › Hamina** 26 km; **Hamina › Lappeenranta** 88 km; **Lappeenranta › Imatra** 37 km; **Imatra › Savonlinna** 118 km; **Savonlinna › Varkaus** 86 km; **Varkaus › Leppävirta** 22 km; **Leppävirta › Kuopio** 54 km; **Kuopio › Nilsiä** 55 km; **Nilsiä › Nurmes** 78 km; **Nurmes › Kuhmo** 77 km; **Kuhmo › Kajaani** 100 km; **Kajaani › Kuusamo** 246 km; **Kuusamo › Posio › Rovaniemi** 193 km; **Rovaniemi › Kemi** 117 km; **Kemi › Oulu** 108 km; **Oulu › Kokkola** 198 km; **Kokkola › Seinäjoki** 141 km; **Seinäjoki › Tampere** 180 km; **Tampere › Turku** 157 km; **Turku › Helsinki** 165 km
Gesamtstrecke: 2379 km

Verkehrsmittel:

Sie reisen mit dem Flugzeug nach Helsinki und von dort mit einem Mietwagen weiter oder mit der Fähre in Finnlands Hauptstadt und gemütlich auf den eigenen vier Rädern gleich vom Hafen aus los. Diese Tour eignet sich auch perfekt für Wohnmobilreisende. Wer nach Tampere fliegt, fährt über Turku nach Helsinki. Die Fahrtstrecke ist beträchtlich, aber da es in Finnland so gut wie keine Verkehrsstaus – höchstens Rentierstaus – gibt und drei Wochen für die Tour vorgesehen sind, ist das Unternehmen ganz entspannt!

Nach dieser großen Finnlandtour können Sie sagen, Sie haben das ganze Land gesehen. Startpunkt ist ****Helsinki** › S. 52, wo Sie mit der Straßenbahnline 3T/3B › S. 54 selbst mit wenig Zeit einen guten Eindruck von der Stadt gewinnen und zu den wichtigsten Sehenswürdigkeiten gelangen. Gleich am zweiten Tag geht es ostwärts ins idyllische ****Porvoo** › S. 73, wo – wie auch am folgenden Tag im benachbarten **Loviisa** › S. 75 – die alten Stadtviertel mit ihren Holzhäusern eine Übernachtung reizvoll machen. In **Kotka** › S. 75 steht am vierten Tag das hypermoderne spektakuläre ***Meeresmuseum Vellamo** auf dem

Bombantalo in Nurmes – Musterbeispiel eines karelischen Gutshofes

Programm. Weiter geht es über **Hamina** › S. 75 mit seinem ungewöhnlichen oktogonalen Stadtkern nach **Lappeenranta** › S. 76, dem Tor zur Seenplatte. In ***Imatra** › S. 77 lohnt tags darauf ein Spaziergang rund um die **Stromschnellen** und das bekannte **Staatshotel.**

Die Opernstadt ***Savonlinna** › S. 114 ist das Ziel am Ende der ersten Woche. Ein Halt unterwegs in ****Punkaharju** › S. 115 mit dem Kunstzentrum ****Retretti** bereichert das Programm in der Sommerzeit. Als eine der wenigen mittelalterlichen Festungsanlagen in Finnland führt die Burg *****Olavinlinna** › S. 114 zurück in eine Zeit, als das Gebiet Grenzland zwischen Schweden und Russland war. Savonlinna selbst bezaubert durch seine charmanten Gassen.

Nach ein paar Tagen in Savonlinna geht es Richtung Norden durch schöne Seenlandschaften. Wandern, Angeln und Kanufahren sind hier angesagt. Das ***Museum für mechanische Musik** in **Varkaus** › S. 114 verspricht als Zwischenstopp eine spannende Zeitreise, während in **Leppävirta** › S. 113 das Spahotel **Vesileppis** einlädt zu Wellness und Entspannung der finnischen Art. Landesweit bekannt ist der Markt (Mo–Sa) von ***Kuopio** › S. 112 (9. Tag) und vom ***Puijo-Turm** sieht man die herrlichen Wälder und Seen rund um die Hauptstadt Ostfinnlands. Am Tag zehn geht die große Finnlandreise weiter durch das für seine hervorragenden Sportangebote bekannte **Nilsiä** › S. 110, und über **Nurmes** › S. 118 mit dem karelischen Museumsdorf nach ***Kuhmo** › S. 119, zu den Wurzeln des Kalevala. Das ****Kalevala-Dorf** ist vor allem im Sommer und um Weihnachten erlebnisreich.

Nördlich von **Kajaani** am Pulujärvi erreicht man mit **Kuusamo** › S. 135 schließlich Lappland. Knapp zwei Wochen sind Sie nun unterwegs und die Landschaft hat sich merklich verändert; die Distanzen zwischen den Orten werden zunehmend länger. Rentiere oder sogar Rentierstau auf den Straßen sind keine Seltenheit. Für ****Rovaniemi** › S. 126 samt einem Besuch am ****Polarkreis** › S. 128 lohnt es sich, ein paar Tage einzuplanen.

Fortan führt die Strecke südwärts: Über **Kemi** › S. 130 geht es in die Universitätsstadt ***Oulu** › S. 129, wo man im Wissenschaftszentrum ***Tietomaa** unterhaltsam forschen kann und in Finnlands buntester Fußgängerzone ***Rotuaari** gemütlich den Abend verbringt. Die nächsten 200 km folgt man der Küste bis **Kokkola** › S. 98, das mit seinem ****Holzhausviertel** einlädt, dort zu übernachten, bevor es weiter in die Tangostadt **Seinäjoki** › S. 100 geht. Die letzten Tage der Tour verbringen Sie in ****Tampere** › S. 78 – **Lenin-Museum,** die **Stromschnelle Tammerkoski** und der Vergnügungspark ****Särkänniemi** sind hier die Highlights – sowie in ****Turku** › S. 89. Ein Rundgang durch die frühere Hauptstadt mit den prächtigen **Segelschiffen am Aurajoki-Ufer** schließt die Tour ab, bevor es zurück in die Hauptstadt Helsinki geht.

4-Städte-Tour

4 Helsinki › Tampere › Rauma › Turku › Helsinki

Distanzen:

Helsinki › Tampere 176 km; **Tampere › Rauma** 145 km; **Rauma › Turku** 94 km; **Turku › Helsinki** 165 km

Verkehrsmittel:

Diese Tour lässt sich individuell gestalten, je nachdem, wie Sie reisen möchten. Zwischen den Städten gibt es gute Bus- und Zugverbindungen, flexibler sind Sie jedoch mit dem Auto. Über Busverbindungen informiert die Webseite www.matkahuolto.fi, über Zugfahrpläne www.vr.fi. Zeitlich ideal sind 8–10 Tage. Auch für Flugreisende nach/von Tampere ist die Route bestens geeignet.

Die 4-Städte-Tour ist vor allem für diejenigen geeignet, die Finnland als Städteziel erleben möchten. Dabei ist die Natur dennoch Teil des Reiseerlebnisses. Wenn Sie in ****Helsinki** › S. 52 vormittags ankommen und zwei Tage in der Hauptstadt zur Verfügung haben, sollten der *****Senatsplatz** mit ***Dom** sowie ****Esplanadenpark** und ****Ateneum** unbedingt auf dem Programm stehen! Dann bietet es sich an, vom ***Marktplatz** am Hafen die Fähre zur Seefestung *****Suomenlinna** › S. 68 zu nehmen. Am zweiten Abend geht es nach ****Tampere** › S. 78. Wer mit der Familie unterwegs ist, wird dort Begeisterung für den Besuch im

Freizeitpark **Särkänniemi mit Delfinarium und dem Aussichtsturm Näsinneula ernten. Beim Stadtspaziergang an der **Hämeenkatu** findet man auch schöne Einkaufsmöglichkeiten, und an der **Stromschnelle Tammerkoski** ist es sogar möglich, direkt in der Stadt Lachs zu angeln. Den vierten Tag füllt ***Rauma** › S. 94 – im Grunde nur eine Kleinstadt, aber durch ihr idyllisches *****Holzhausviertel** erlangte sie einen würdevollen Platz unter den Weltkulturerbestätten der UNESCO.

Schilfbestandene Ufer bei Rauma

Die letzten Tage verbringen Sie in ****Turku** › S. 89, Europas Kulturhauptstadt 2011. Die Burg ****Turun Linna, **Dom**, **Markt** und die **Segelschiffe am Aurajoki** gehören zu den Sehenswürdigkeiten, die man sich hier nicht entgehen lassen sollte.

Touren in den Regionen

Touren in der Region	Region	Dauer	Seite
Zu Fuß durch die Innenstadt	Helsinki	1 Tag	53
Design-Helsinki	Helsinki	1–2 Tage	54
Helsinki per Tram 3T/3B	Helsinki	1 Stunde	54
Südküste und Kymijoki-Tal	Südfinnland	4–5 Tage	71
Stadt, Land, Fluss und mehr	Südfinnland	3 Tage	71
Westküstenbogen	Westküste und Åland	4–5 Tage	85
Musikantenpfad	Westküste und Åland	3–4 Tage	87
Von Turku nach Mariehamn	Westküste und Åland	5 Tage	87
Inselhopping auf Åland	Westküste und Åland	5–6 Tage	88
Saimaa-Runde	Seenplatte und Karelien	3–4 Tage	107
Im Herzen des blauen Finnlands	Seenplatte und Karelien	1 Woche	109
Karelien – auf den Spuren des Kalevala	Seenplatte und Karelien	5 Tage	110
Fjällweg der vier Winde	Lappland	5 Tage	122
Lapplands Goldgebiete	Lappland	5–7 Tage	123

Klima und Reisezeit

Seine Zugehörigkeit zur Schnee- und Waldzone beschert Finnland eisige Winter und warme Sommer. Selbst in Lappland klettert das Thermometer im Sommer zuweilen auf 30 °C. Der Sommer in Südfinnland bringt Nordeuropas höchste Durchschnittstemperaturen, die es durchaus etwa mit denen der Niederlande aufnehmen können. Die tiefsten Wintertemperaturen liegen im Norden unter –30 °C; im Februar herrschen Temperaturen von –30 bis –15 °C. Die trockene Luft macht dort tiefe Frostgrade erträglich, die Hauptstadt Helsinki jedoch kann in den Übergangsjahreszeiten unangenehm feuchtkalt sein.

Mit Regenschirmen macht man in Finnland kaum Geschäfte: Es

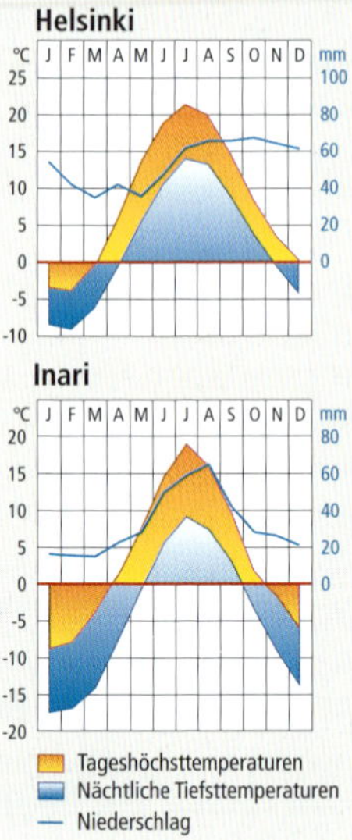

Nachtlose Nächte und die Magie der Nordlichter

Wer nie die sonnenlose Zeit erlebt hat, wird die Freude über die hellen Sommernächte nicht verstehen. Wenn in Nordfinnland die Sonne unentwegt über dem Horizont steht und im Süden nur wenige Stunden Dämmerlicht den Tag vom Tag trennen, dann holt die Natur eilends winterliche Rückstände auf. Zum Johannisfest lodern auf den Inseln, an Fluss- und Seeufern Feuer, die eine reiche Ernte beschwören sollen. In Utsjoki, Finnlands nördlichstem Ort, weilt die Sonne vom 17. Mai bis zum 28. Juli über dem Horizont. 50 Tage jedoch geht sie während *Kaamos,* der Zeit winterlicher Dunkelheit, nicht auf. Drei Tage dauert etwas nördlich des Polarkreises die längste Nacht, die Weihnachtsnacht.

Ein bizarres Naturschauspiel sind die Nordlichter, tanzende farbige Schleier. Für die Sámi waren es die Geister der Toten, die die »Feuerwerke am bitterkalten Polarhimmel« entzünden. Wissenschaftler erklären sie nüchtern physikalisch: Protonen und Elektronen, die von der Sonne ausgestoßen und von den Magnetpolen der Erde angezogen werden, lassen beim Auftreffen auf die oberen Atmosphäreschichten Stickstoff- und Sauerstoffpartikel erglühen.

regnet weniger als in Mitteleuropa, doch die weltweite Klimaerwärmung macht das Wetter unbeständiger und milder. 30–40 % der Niederschläge gehen im Winter als Schnee nieder. Eine durchgehende Schneedecke von November bis April garantieren nur noch die nördlichen Landesteile. Der Frühling beginnt spät, aber kraftvoll. Als beste Reisezeit für Wintersportler gelten die Wochen von Mitte März bis Ende April, während Juni und Juli schönsten Finnlandsommer verheißen.

Von Oktober bis Mai überzieht eine Schneedecke Lappland

Herbstliches Farbenspiel bezaubert besonders in Lappland, wenn der erste Frost nach den Blättern greift und die Natur in ein Meer von Gelb über Lila bis Feuerrot taucht. *Ruska* nennen die Finnen diese Zeit der magischen Laubfärbung › S. 132.

Anreise

Mit dem Flugzeug

Von Deutschland, Österreich und der Schweiz bestehen gute Linienverbindungen nach Helsinki (www.finnair.com; www.lufthansa.com). Ryanair bietet Flüge von Frankfurt-Hahn und Bremen nach Tampere sowie von Weeze nach Lappeenranta an (www.ryanair.com/de). Air Berlin (www.airberlin.com) startet von mehreren deutschen Flughäfen sowie von Wien und Zürich nach Helsinki. Die SAS-Tochter Blue 1 verbindet Zürich, München und Berlin mit Helsinki (www.blue1.com).

Mit Bahn und Schiff

Am bequemsten ist die Zugreise über Hamburg, Kopenhagen und Stockholm mit Fährverbindung nach Turku. Im Sommer verkehren täglich Tag- und Nachtzüge von Berlin über Malmö nach Stockholm. In Stockholm bringen Sie U-Bahn oder Taxi zu den Fährhäfen (Värtahamnen für Tallink Silja Line; Stadsgården/Tegelsvikhamnen für Viking Line). Turkus Hafen bietet den Bahnanschluss nach Helsinki, Nordostfinnland und Lappland (Rovaniemi und Kemijärvi). Die Reedereien gewähren Senioren, Schülern, Studenten und Inhabern von Interrail-, Eurail- und Scanrail-Tickets Preisnachlässe.

Die großen Ostseefähren bieten ihrer Kundschaft allen Komfort

Mit Auto und Schiff

Finnlines (www.finnlines.de) verkehrt täglich von Travemünde nach Helsinki (Fahrtzeit ca. 28 Stunden); zweimal wöchentlich besteht eine Verbindung zwischen Rostock und der finnischen Hauptstadt (Mo, Do, direkt 26 Stunden, sonst länger). Tallink Silja hat seine Fährverbindungen zwischen Deutschland und Skandinavien (auch Finnland) eingestellt. Die Preise schwanken saisonabhängig. Eine Reservierung lange im Voraus ist sehr ratsam.

Beliebte Routen führen über Dänemark und/oder Schweden. Man kann mit dem Auto nach Dänemark fahren und über die großen Brücken nach Malmö und weiter durch Schweden nach Stockholm. Ferner verkehren Fähren z. B. von Rostock, Travemünde und Sassnitz nach Trelleborg (Schweden) und von Kiel ins schwedische Göteborg (TT Line, www.ttline.de; Scandlines, www.scandlines.de; Stena Line, www.stenaline.de). Von Südschweden fährt man weiter nach Stockholm (Trelleborg–Stockholm 650 km, Göteborg–Stockholm 485 km), wo die Fähren nach Turku oder Helsinki ablegen. Kooperierende Reedereien ermöglichen mit Kombitickets diverse Fährkombinationen.

Von Stockholm nach Helsinki und Turku verkehren Tallink Silja (www.tallinksilja.de) und Viking Line (www.vikingline.de), beide mit Zwischenstopp in Mariehamn (Åland) und ganzjährig mit bis zu zwei Abfahrten pro Tag. Die Fahrtzeit beträgt 9–17 Stunden, je nach Route und Art der Reise.

Neben den normalen Fähren gibt es eine Art Kreuzfahrtschiffe, die vor allem bei Finnen und Schweden sehr beliebt sind für Mini-Urlaube auf der Ostsee. Auf ihnen wird die Zeit an Bord mit Essen vom Buffet, Shows und Disco genossen.

Von Umeå in Mittelschweden bietet RG Line (www.rgline.com) fast täglich Verbindungen nach Vaasa (Fahrtzeit ca. 4 Stunden).

Wer den hohen Norden Lapplands und das Gebiet der Finnmark (Grenzregion Finnland/Norwegen) zum Ziel hat, mag den Landweg auf der E4 durch Schweden erwägen. Die lange Fahrt kann reizvoll sein, wenn man Zeit hat – und Freude an schönen Naturlandschaften entlang dem Bottnischen Meerbusen. Etwa 1020 km trennen Stockholm vom Grenzübergang Haparanda/Tornio › S. 131.

Die Via Baltica ist die abenteuerlichste Möglichkeit nach Finnland zu reisen. Die Kombination aus Landweg und Fähre führt über Grodno in Weißrussland, Vilnius, Riga und Tallinn. Dort legen täglich Personen- und Autofähren nach Helsinki (u. a. Tallink Silja Line, Viking Line) ab. Von St. Petersburg erreicht man die finnisch-russischen Grenzübergänge Vaalimaa oder Nuijamaa (südöstlich von Lappeenranta).

Reisen im Land

Mit dem Flugzeug

Die nationalen Netze von Finnair (www.finnair.com) und Blue 1 (www.blue1.com) sind sehr dicht. Beide Airlines haben oft Sonderangebote.

Mit der Bahn

Finnlands Schienennetz umfasst etwa 6000 km, ist aber nur im Süden engmaschig geknüpft. Dennoch ist Lappland bequem per Bahn erreichbar, sogar mit Autoreisezügen; die Fahrt Helsinki–Rovaniemi dauert etwa 10 Stunden. In den Nachtzügen mit Schlafwägen zwischen Helsinki, Turku und Tampere im Süden sowie Oulu und Rovaniemi im Norden kann man über Nacht bequem 1000 km zurücklegen.

Mit dem Ein-Land-Pass des Interrail-Tickets (Preisgruppe III) können Sie landesweit an drei (119 €), vier (150 €), sechs (201 €) oder acht (243 €) Tagen innerhalb eines Monats beliebig oft fahren.

Wer auch mit der Bahn anreist, fährt gut mit einem Global-Pass (ab 267 €). Ermäßigungen für Reisende unter 26 Jahren (ca. 33 %).

Mit dem Bus

Finnlands Fernbusnetz (www.matkahuolto.fi/en) überspannt flächendeckend das Land. Wegen ihrer flexibleren Streckenführung, die auch kleinere Orte einbezieht, sind die Nord-Süd-Linien (z. B. Helsinki–Jyväskylä–Oulu–Rovaniemi) oft der Bahn vorzuziehen. Die Preise sind etwas günstiger als jene der Bahn, die Streckennetze der Privatbetreiber aufeinander abgestimmt.

Auf einer der beliebten Ausflugsfähren vor Helsinki

Mit dem Schiff

Das gewässerreiche Land besitzt zahlreiche Fährverbindungen. Viele Schiffsreisen ähneln eher Ausflugsfahrten, zumal sie meist nur zur Hauptsaison (Mitte Juni bis Mitte Aug.) angeboten werden. Außerdem reizen Nostalgiefahrten auf Dampfschiffen oder Raddampfern. Im Schärengebiet verkehren kleine Inselfähren. Die gelben bieten kostenlose Fahrten zwischen den Hauptinseln, die weißen Fähren zu den Außeninseln kosten nur wenige Euro.

Mit dem Auto

Die Hauptstraßen sind asphaltiert, Nebenstraßen nur zum Teil, in der Regel sind sie aber gut befahrbar. Alle wichtigen Durchgangsstraßen sind mit weißen Ziffern nummeriert (Europastraßen auf grünem, Fernstraßen auf rotem, alle übrigen Straßen auf blauem Grund).

Die Grüne Versicherungskarte ist nützlich, aber nicht vorgeschrieben. Führerschein und Kraftfahrzeugschein sind ständig mitzuführen. Ausländische Fahrzeuge müssen ein Nationalitätskennzeichen haben.

Die zulässige Höchstgeschwindigkeit beträgt in geschlossenen Ortschaften 50 km/h (in Städten gilt meist Tempo 40, unbedingt auf die Schilder achten), auf Landstraßen 80 km/h (auf ausgeschilderten Einzelstrecken 100 km/h), auf Autobahnen 100 km/h (Sommer 120 km/h). Wohnwagengespanne dürfen maximal 80 km/h, Wohnmobile neueren Datums 100 km/h (sonst ebenfalls nur 80 km/h) fahren.

Außerhalb geschlossener Ortschaften müssen alle Fahrzeuge auch tagsüber mit Licht fahren. Es besteht allgemeine Gurtpflicht. Die Promillegrenze liegt bei 0,5.

Verkehrsordnung und -zeichen entsprechen weitgehend jenen in Mitteleuropa. An Kreuzungen gilt immer rechts vor links; in Ortschaften genießen nur sehr wenige Straßen Vorfahrt (gelbes Dreieck mit rotem Rand bedeutet »Vorfahrt achten«). In manchen Städten haben Busse und Taxis eigene Fahrbahnen, die andere Fahrzeuge nur für das Einordnen zum Abbiegen nutzen dürfen.

!! Vorsicht, wenn Schilder vor Wildwechsel warnen! Elche und Rentiere überqueren oft, vermehrt in der Dämmerung, die Straßen. Bei Zusammenstößen mit Wild ist sofort die Polizei zu informieren (Notruf 112, auch für den ärztlichen Rettungsdienst).

Special

Mit Kindern unterwegs

Vor allem im Sommer ist Finnland – auch Helsinki mit seinen Grünanlagen, dem Vergnügungspark Linnanmäki und dem Zoo Korkeasaari – ein wunderbares Ziel für einen Familienurlaub. Selbst mit kleineren Kindern kommt man gut zurecht, denn Spielplätze, Wickelräume etc. sind überall vorhanden. In Zügen gibt es sogar Spielwägen, in denen die Reise auf Schienen flugs vergeht.

Hotels bieten oft günstige Familienzimmer an – und die ohnehin von vielen Reisenden bevorzugte Übernachtungsmöglichkeit in einem *mökki* › S. 113 eignet sich perfekt für Familien. Restaurants bieten häufig spezielle Menüs für Kinder an. Falls nicht, lohnt es sich nach Kinderportionen zu fragen.

Bei Eintrittspreisen zu Museen und anderen Sehenswürdigkeiten gibt es fast immer Ermäßigungen für Kinder und Jugendliche.

Vergnügungsparks

■ **Linnanmäki – Sea Life**
Tivolikuja 1][Helsinki
Tel. 010-572 2200
www.linnanmaki.fi
www.visitsealife.com/Helsinki
Finnlands ältester Vergnügungspark mit Unterwasserwelt **Sea Life.** Geöffnet April–Sept., Zeiten variabel. Straßenbahnen 3T/3B, 8, 9 oder Bus 23 ab Bahnhofsvorplatz (Steig 2).

■ **Särkänniemi**
Tampere][Tel. 020-713 0212
www.sarkanniemi.fi
Ein Vergnügungspark für die ganze Familie mit Planetarium, Aquarium, Delfinarium und Aussichtsturm. Zeiten variabel, Sommer tgl. bis 18 oder 19 Uhr, Winter Außenanlagen geschl.

■ **Tykkimäki**
Kanuunakuja 2][Kouvola
Tel. 05-778 700][www.tykkimaki.fi
Großer Vergnügungspark mit eigenem Campingplatz. Geöffnet Mitte Mai bis Aug. meist 12–19/21 Uhr, Ende Mai bis Mitte Aug. tgl., sonst nur Sa, So.

■ **Muumimaailma – Muminwelt**

Naantali][Tel. 02-511 1111
www.muumimaailma.fi
In der Muminwelt werden Tove Janssons beliebte Figuren und Geschichten lebendig. Mitte Juni–Mitte Aug. tgl. 10–18, bis Ende Aug. ab 12 Uhr.

■ **Mumintal-Museum**

Hämeenpuisto 20][Tampere
2000 Originalwerke von Tove Jansson samt einem fünfstöckigen Muminhaus! Di–Fr 9–17, Sa, So 10–18 Uhr.

■ **Visulahti**

Visulahdenkatu 1][Mikkeli
Tel. 015-182 81][www.visulahti.fi
Wasserpark, Dinosauriersammlung, Wachsfigurenkabinett und Oldtimerausstellung. Eigener Campingplatz. Juni–Aug. 11–17/19 Uhr.

■ **Wasalandia – Tropiclandia**

Vaskiluoto][Vaasa
www.wasalandia.fi
Piraten- und Wildwestabenteuer, Krokodilboote und riesige Rutschen (Mitte Mai–Mitte. Aug.), im Tropiclandia Poolspaß rund ums Jahr (tgl.).

Tierparks

■ **Korkeasaari**

Helsinki][Tel. 09-3103 7900
www.korkeasaari.fi
Zooinsel mit Tieren aus Tundra sowie Tropen. Ganzjährig Zoo-Bus ab Hauptbahnhof, im Sommer Wasserbus vom Marktplatz. Mai–Aug. 10–20, Okt.bis März 10–16, April, Sept. 10–18 Uhr.

■ **Ranua Zoo**

Rovaniementie 29][Ranua
Tel. 016-355 1921
www.ranuawildlife.com
Zoo mit den für Lappland tpischen Elchen, Rentieren, Luchsen, Wölfen und Bären! 365 Tage im Jahr geöffnet, Juni bis Aug. 9–19, Sept.–Mai 10–16 Uhr.

■ **Ähtärin eläinpuisto**

Karhunkierros 130][Ähtäri
Tel. 06-539 3555
www.ahtarinelainpuisto.fi
Kinderfreundlicher Tierpark mit vielen nordischen Arten. Nov.–Jan. 10–14, Febr.–Okt. bis 16, Juli bis 18 Uhr.

Wissenschaft für alle

■ **Heureka**

Tiedepuisto 1/Kuninkaalantie 7
Vantaa][Tel. 09-857 99
www.heureka.fi
Selbst machen und ausprobieren – so lernt man Technik am besten kennen. Mit Planetarium. Tgl. mind. 10–17 Uhr, saisonabhängig teilweise auch bis 18/19 Uhr, insbesondere Sa, So.

■ **Tietomaa**

Nahkatehtaankatu 6][Oulu
Tel. 08-5584 1340
www.tietomaa.fi
Nicht nur für Kinder interessant ist dieses interaktive Wissenschaftszentrum mit Spielen und sogar Sport. Planen Sie mindestens einen halben Tag ein! Mo–Fr 10–16/17, Sa, So 10–18 Uhr.

Sport und Aktivitäten

Wandern

Finnlands Natur hautnah erleben heißt: wandern. Im Süden herrschen weite Wälder vor, die tiefblaue Seen säumen. Richtung Mittel- und Ostfinnland zeigt sich die Natur zusehends rauer, die Seenlandschaft geht über in Sumpf- und Moorgebiete. In Lappland lichtet sich der Wald, und von baumlosen Bergkuppen schweift der Blick über die Wildmark. Ein schier endloses Netz markierter Routen, Naturpfade und Skiwanderwege durchzieht Finnlands zahlreiche Schutzgebiete und 35 Nationalparks. Überall stehen Wanderern Rastplätze, Hütten und Zeltplätze mit Feuerstellen oft kostenlos zur Verfügung.

Umfangreiche Informationen von Trails bis hin zu Unterkünften und Karten bietet der Verband der Nationalparks **Metsähallitus** mit landesweit über 20 Infozentren, einem Telefonservice unter +358-2056 4125 (Mo–Fr 9–16 Uhr) und der hervorragenden Website www.outdoors.fi.

Radfahren

Zu Touren mit dem Drahtesel laden Südfinnlands alte Kulturlandschaften ein. Dort führt ein dichtes Netz von Seitenstraßen durch von der Zeit vergessene Ortschaften und zu versteckten Gutshöfen. Eine Radellandschaft wie aus dem Bilderbuch sind die Åland-Inseln, wo die Bikes mit auf die Fähren genommen werden können.

Die Miete für ein Fahrrad (inkl. Helm) beträgt ca. 15 €/Tag. In Helsinki vermietet **Greenbike** (Bulevardi 32, Tel. 050-550 1020, www.green

Inselhüpfen mit dem Fahrrad ist zwischen den Åland-Inseln ein Leichtes

bike.fi) Fahrräder für Stadterkundungen. Die kostenlose Radwegekarte erhält man im Infobüro. Die Jugendherbergen › S. 29 bieten Pauschalen für Bett & Rad. Einen Boom erlebt derzeit das Mountainbiking.

Reiten

Die typisch finnischen Pferde sind robuste Kaltblüter, die dennoch erstaunlich wendig und schnell sind. Küsten und Wälder bieten eine wundervolle Kulisse für Reittouren von einer Stunde bis zu mehreren Tagen. Für Tagestouren bezahlt man etwa 75 €. Die meisten Reiterhöfe findet man in Süd- und Mittelfinnland. International bekannte Veranstalter haben Touren in allen Landesteilen im Programm, u. a. auch auf der **Bärenroute** in Lappland › S. 136.

Angeln

Die großen Wasserareale sind ein unerschöpfliches Revier für Freizeit- und Sportangler. Ob bei Urlaub im Ferienhaus, der Kanuwanderung oder Finnlandrundreise – Angelfreunde sollten ihre Ausrüstung im Gepäck haben. Aber: Die Fischwasser werden laufend überwacht.

Angler zwischen 18 und 65 Jahren müssen eine staatliche Fischereiverwaltungsgebühr *(kalastuksenhoitomaksu)* von 22 € (je Kalenderjahr) oder 7 € für 7 Tage entrichten. Die zudem erforderliche Genehmigung *(viehekalastusmaksu)* vom Eigentümer des jeweiligen Gewässers bzw. der Verwaltungsregion (Gebühren 29 €/Jahr, 7 €/7 Tage) erhält man in der Regel im örtlichen Fremdenverkehrsamt, bei einem Campingplatz oder Ferienzentrum. Lizenzen für die meisten in Staatsbesitz befindlichen Angelgebiete Ost- und Nordfinnlands erteilen die Büros der Forstverwaltungen vor Ort.

Umfangreiche Informationen enthält die Internetseite des **Zentralverbands der Fischereiwirtschaft:** www.ahven.net/deutsch.

Lachs finnisch

1,5 kg frisches Lachsfilet beidseitig mit reichlich grobem Salz bestreuen und 6 cl Weinbrand vorsichtig darüber gießen. Das dabei abgespülte Salz mit einem Teelöffel Zucker und weißem Pfeffer mischen. Den Fisch damit ein zweites Mal bestreichen. Den Lachs großzügig mit gehacktem, frischem (!) Dill bestreuen und über Nacht im Kühlschrank ruhen lassen. In feine Scheiben geschnitten, schmeckt er am nächsten Tag herrlich zu Toast oder frischen Salz- oder Pellkartoffeln.

Wassersport

Ein Wassersportparadies ist Finnlands Seenlandschaft mit ihren labyrinthischen, durch Hunderte von Flüssen und Kanälen vernetzten Gewässern. Zudem verwehren keine Verbotsschilder den Ruderern den Zugang zu Inseln und Seeufern.

Wer auf eigene Faust lospaddelt, findet sich selbst in Europas größter Seenplatte gut zurecht:

Amphibische Landschaft des Saimaa-Seengebiets

dem **Saimaa-Gebiet** mit einem markierten Routennetz von 2000 km. Für Kanufahrten eignen sich im Binnenland die Gewässer der süd- und mittelfinnischen Seenplatte und die Wildmarkseen im Osten, der Umgebung von Kuusamo sowie in Lappland. Wildwasserkanuten finden ebenfalls alle Schwierigkeitsgrade, und Meereskajakfahrer entdecken beste Reviere in den Schären vor der südwestfinnischen Küste und im **Åland-Archipel.** Das Leihen eines Kanus kostet ca. 30 €/Tag.

Vielerorts kann man River Rafting mit Flößen oder Schlauchbooten buchen. Für Surfer und bei Törns mit dem Segelboot machen Finnlands helle Sommernächte und weite Wasserreviere den besonderen Reiz aus. Führender Kajakveranstalter ist **Natura viva,** www.seakayakfinland.com, mit Bootsverleih in Vuosaari/Helsinki; Touren landesweit.

Nordic Walking

Zwei Drittel aller Finnen walken jede Woche regelmäßig. Erstmals wurde *sauvakävely*, was »mit den Stöcken gehen« bedeutet, Ende der 1990er-Jahre in Finnland präsentiert. Längst ist eine Trendsportart daraus geworden, und fast alle Wandergebiete und Ferienregionen locken mit Walking-Strecken (örtlich auch Pauschalangebote). Wer gerne walkt, kann einen Finnlandurlaub gut als Fitness-Reise nutzen.

Wintersport

Der Skilanglauf ist Finnlands Breitensport Nummer eins (Volksskilauf Lahti › S. 44). Entsprechend reichhaltig gestaltet sich das Angebot von bestens präparierten Loipen und – wegen der von Oktober bis Februar sehr kurzen Tage – beleuchteten Strecken. Lappland bietet auch Möglichkeiten für alpinen Skisport, z. B. in **Suomutunturi** › S. 135.

Haut und Seele öffnen ihre Poren

Kein anderes finnisches Wort ist in so viele Sprachen eingegangen wie *Sauna.* Aus der primitiven Erdgrube zum Heizen entwickelte sich die Rauchsauna. Diese war ein speziell befeuerter, geschlossener Raum oder eine Hütte, die man später mit einem Abzug versah.

Wie der 2010 für einen Acadamy Award nominierte Film »Steam of Life« humorvoll zeigt, hat sich an den Grundzügen des Saunabadens – Aufwärmen, Schwitzen, Waschen, Abkühlen – seit Jahrhunderten wenig geändert, auch wenn heute größtenteils Thermostatöfen den holzbefeuerten Ofen ersetzen.

Nach wie vor ist die Sauna ein Ort, an dem man sich anständig zu betragen hat, so wie in der Kirche, sagt ein finnisches Sprichwort. Daher gehen Weiblein und Männlein getrennt in die Schwitzkammer, außer vielleicht im engsten Familien- oder Freundeskreis. Und die Sauna ist ein fester Bestandteil des Hauses wie Küche oder Bad. Über 1,7 Mio. davon gibt es in Finnland.

Wie sauniert man? Zunächst duschen, leicht abtrocknen und dann zum Schwitzen in die Kammer mit einer Temperatur um 80–100 °C. Die in der Regel geringe Luftfeuchtigkeit wird durch Aufgüsse reguliert. Dem Schwitzgang folgen Abkühlung im Wasser oder im Schnee und ein erneuter Saunagang. Nach Belieben kann man die Durchblutung durch Schlagen mit einem Birkenzweig anregen. Als Duftaufgüsse benutzt man allenfalls Birke oder Teer – entspannend soll das Aroma sein. Den besten Duft bringt Birke: Einfach einige Blätter im Aufgusswasser quellen lassen! Nach der letzten Dusche heißt es: ausruhen.

Die Sauna bietet mehr als körperliche Reinigung: Wenn das Wasser auf die heißen Steine klatscht, der heiße Dampf einen leichten Schauer erzeugt und der Schweiß strömt, dann hat auch die Seele ihre Poren geöffnet. Eine Erfahrung, die finnische Politiker schon früher im harten Geschäft mit ihrem großen Nachbarn exerzierten und die sich heute noch Geschäftsleute zu eigen machen: Im Dampf schmelzen die Aggressionen dahin, die Vorurteile bleiben mit den weißen Kragen im Ankleideraum, und die Neigung zum Kompromiss wächst mit jedem Aufguss. Was den Briten das Golfspiel, ist den Finnen die Sauna.

Skiwanderungen in den harten Wintermonaten November bis Februar stellen hohe Anforderungen an die Kondition. Der April ist der beliebteste Monat für Touren, aber auch im Mai gestatten die nördlichen Fjäll-Regionen (baumlose Bergkuppen heißen im Schwedischen *fjäll*, im Finnischen *tunturi*) noch Aktivitäten im Schnee. Safaris im Motor- und Rentierschlitten, Eislochangeln, Eisgolf und Eislaufmöglichkeiten in freier Natur runden das breite Wintersportangebot ab.

Spaß für die ganze Familie: ein Ausflug mit dem Rentierschlitten

Unterkunft

Ferienhäuser und -dörfer

Wer die sonnendurchfluteten Sommernächte in einer naturnahen Umgebung erleben will, sollte ein **Ferienhaus** *(mökki)* buchen › S. 113. Die über 200 **Feriendörfer** und über 10 000 privaten Ferienhäuser liegen vorwiegend im süd- und mittelfinnischen Seengebiet. **Zur Grundausstattung gehören Küchengerät, häufig eine Sauna und ein Boot.** Einkaufen kann man in meist auch sonntags geöffneten Lebensmittelläden sowie bei Verkaufsautos und -booten. Für ein Ferienhaus bezahlt man je nach Lage, Größe und Ausstattung pro Woche 200–1100 €. Eine Liste findet man u. a. unter www.visitfinland.de.

Camping

Finnlands familienfreundliche **Campingplätze** bieten viele Freizeitaktivitäten im Grünen. Von den etwa 330 Plätzen im Finnischen Campingverband (erkennbar am blau-weißen Schild mit Zelt in einem »C«) verfügen 300 über Elektroanschluss. Alle unterliegen regelmäßiger Kontrolle und sind mit 1–5 Sternen klassifiziert. Die Hauptsaison, in der alle Plät-

Kleine Übersetzungshilfe

Huoneet – Zimmer
Hinnat/Hinnasto – Preise/Preisliste
Yhteystiedot – Kontakt
Tarjous – Angebot
Sijainti – Lage
Puolihoidolla – Halbpension
Hissi – Aufzug
Ravintola – Restaurant
Kahvila – Café

ze geöffnet haben, dauert vom Mittsommernachtsfest bis Ende Juli. Ganzjährig geöffnet sind 70 Plätze. Die Preise betragen 10 bis 30 € pro Tag und Zelt oder Wohnwagengespann. Gasflaschen füllen oder wechseln kann man meist nur an Tankstellen. Butangas ist nicht erhältlich. Viele Plätze vermieten auch gemütliche Campinghütten. Vergünstigungen auf ca. 200 Plätzen bietet die **Camping Key Europe Card** (Jahresgebühr 2013 16 €). Sie ist auf den Plätzen erhältlich oder online über die **Finnish Campingsite Association,** www.camping.fi.

Echt gut!

Designhotels in Helsinki

■ **Klaus K**
Bulevardi 2–4][Tel. 020-770 4700
www.klauskhotel.com
Ein Klassiker. Dominant ist die Farbe Weiß, die an Schnee erinnert und moderne Stilelemente mit finnischer Natürlichkeit verbindet. 2 Restaurants, Day Spa, Club Ahjo › S. 67. ●●●

■ **Hotel Haven**
Unioninkatu 17][Tel. 09-681 930
www.hotelhaven.fi
Finnlands erstes Small Luxury Hotel of the World (eröffnet 2009) ist nostalgisch-opulent gestylt. 77 Zimmer teils mit Blick auf den Markt; Day Spa, behagliche Bar. ●●●

■ **Hotel Glo Kluuvi**
Kluuvikatu 4][Tel. 010-3444 400
www.hotelglo.fi
Im Stadtkern gelegen und groß, aber in den Zimmern heimelige Atmosphäre durch weiche Farbtöne und Holz; cooler Lounge-Schick in der Bar. ●●●

■ **Hotel Helka**
Pohjoinen Rautatiekatu 23
Tel. 09-613 580][www.helka.fi
Es war 1928 der erste Backsteinbau im Stadtteil Kamppi, geplant von der Architektin Wivi Lönn. Das denkmalgeschützte Gebäude wurde 2006 saniert und mit Mobiliar von Alvar Aalto ausgestattet. Ausgefallene Naturbilder dienen als Dekoration. ●●●

Hotels, Motels und Gasthäuser

Die meisten **Hotels** bieten hohen Standard und sind vergleichsweise teuer, nur Stadthotels senken ihre Preise an Sommerwochenenden. Der Zimmerpreis schließt das Frühstücksbuffet ein. Viele Hotels haben Restaurants, die für Hausgäste bis in die Nacht warme Speisen servieren.

Zuverlässig gute Ketten sind:

■ **Best Western**
www.bestwestern.com

■ **Cumulus**
www.cumulus.fi

■ **Sokos**
www.sokoshotels.fi

■ **Laplandhotels**
www.laplandhotels.com sowie die

■ **Gruppe der Privathotels**
www.privatehotels.fi (ca. 25 Häuser).

Preiswert sind die ganzjährig geöffneten **Omena Hotels** in Helsinki, Tampere, Vaasa, Turku und Jyväskylä. Sie arbeiten ohne Rezeption, werden am einfachsten übers Internet gebucht und mit Kredikarte bezahlt (ab ca. 45 €/ Zimmer für bis zu 4 Pers.,

omenahotelli
Reservierung Tel. +358-(0)600-18018
(hohe Telefon- und Buchungsgebühren)
www.omenahotels.com

Die etwa 40 **Motels** liegen meist an Fernstraßen, doch stets in reizvoller Umgebung. Sie bieten eine durchschnittliche Ausstattung zu reellen Preisen.

Der dem Deutschen entlehnte Begriff **Gasthaus** bezeichnet einen pensionsähnlichen Familienbetrieb – eine preisgünstige Alternative zum Hotel.

Suite im Hotel Klaus K

Bauernhöfe und Hostels

Gut 500 **Bauernhöfe** bieten außer Schlafplatz (mit Sauna) auch Freizeitaktivitäten wie Wandern, Angeln, Rudern und Reiten. Die Gäste können sich entweder selbst verpflegen oder an den Familienmahlzeiten teilnehmen. Ca. 30–40 € pro Person kostet die Übernachtung mit Frühstück. Informationen u. a. über www.visitfinland.de.

Rund 65 **Hostels** unterhält der Finnische Jugendherbergsverband. Die Übernachtung kostet je nach Lage und Komfort 10–50 €, in mehr als der Hälfte der Häuser weniger als 20 €. Interessante Pauschalen gibt es z. B. für Bett & Fahrrad für 7 oder 14 Tage.

Suomen Retkeilymajajärjestö – SRM

Yrjönkatu 38 B 15][00100 Helsinki Finland][Tel. +358-(0)9-565 7150

www.hostellit.fi, www.hihostels.com

Jedermannsrecht

Die Finnen gewähren auch Besuchern das »Jedermannsrecht«: Ein jeder darf sich an Land und auf dem Wasser frei bewegen, sofern die Natur nicht geschädigt wird. Nur in Schonungen, Gärten oder erkennbaren Privatgrundstücken muss man Erlaubnis einholen. Man darf ein bis zwei Tage ein Zelt oder Lager aufschlagen; auf Privatbereichen rund um Eigenheime, Ferienhäuser oder bewohnte Strände ist natürlich Rücksicht zu nehmen. An dafür vorgesehenen Stellen in Wandergebieten kann ein Lagerfeuer entzündet werden, wenn keine Waldbrandgefahr besteht. Pilze und Waldbeeren dürfen gesammelt werden, wenn sie nicht unter Schutz stehen. Es ist jedoch streng verboten, Bäume zu fällen. Obwohl das Jedermannsrecht nicht in Nationalparks gilt, darf sich dort jeder unter Beachtung der Parkordnung frei bewegen. Ausgenommen vom Jedermannsrecht sind die Åland-Inseln.

Land & Leute

Steckbrief][Geschichte im Überblick][Natur und Umwelt][Die Menschen][Kunst und Kultur][Feste und Veranstaltungen][Essen und Trinken

Steckbrief

Finnland

Einwohner: 5 405 000 (2012)
Bevölkerungsdichte: 16 Einw./km²
Hauptstadt: Helsinki 595 000 Einw.
Fläche: 338 000 km²; davon 10 % Wasser, 68 % Wald, 6 % Ackerland
Höchster Berg: Halti, 1328 m
Längster Fluss: Kemijoki, 512 km
Sprache: 91 % der Bevölkerung sprechen Finnisch, 5,5 % Schwedisch und rund 2600 Finnen in Lappland sprechen Samisch
Religion: 79,9 % der Finnen sind evangelisch-lutherisch, 1,1 % russisch-orthodox, 19 % ohne oder mit anderer Konfession
Landesvorwahl: +358
Währung: Euro
Zeitzone: MEZ +1

Lage

Finnland, annähernd so groß wie Deutschland, liegt zu einem Viertel nördlich des Polarkreises – der nördlichste Punkt bei 70°5', der südlichste bei 59°30'. Im Westen und Süden säumen der Bottnische und der Finnische Meerbusen das Land, dessen buchtenreiche Küste die stolze Länge von 4600 km erreicht. Wasser und Wald, Finnlands beherrschende Naturelemente, bilden eine Einheit, die in Europa ihresgleichen sucht.

Als wohl einziges europäisches Land besitzt Finnland noch eine wenig berührte weite Wildmark. An der Südwestküste erstreckt sich eine labyrinthische Inselwelt von schlichter Schönheit: Europas größte Schärenlandschaft. Die Kulturlandschaft der südlichen und mittleren Landesteile bestimmen drei große Seengebiete: die Wasserachse Hämeenlinna–Tampere–Virrat im Westen, der Päijänne-See zwischen Lahti und Jyväskylä in der Mitte, im Osten das Saimaa-Seengebiet, mit 4400 km² Ausdehnung unübertroffen in der Alten Welt. Vollkommen flach ist das Land keineswegs, doch erreichen die Erhebungen südlich des Polarkreises nur einige hundert Meter. Höher ragen sie nahe der Grenze zu Norwegen auf, so der mit 1328 m höchste Berg Halti.

Politik und Verwaltung

Die Sicherung eines angemessenen Lebensstandards und die Bereitstellung sozialer Dienste sind die Hauptaufgaben der Sozialpolitik, für die der Staat Anfang der 1990er-Jahre einen hohen Anteil seines Haushalts ausgab. Dann trat ein, worauf man nicht vorbereitet war: Das Wirtschaftswachstum stockte, die Nachfrage in wichtigen Exportländern versiegte, der Handelspartner Sowjetunion existierte nicht mehr. Finnland stürzte in die tiefste Wirtschaftskrise seit seiner Unabhängigkeit. Doch ein harter Sparkurs und eine neoliberale Wirtschaftspolitik führten es bald in die Spitzengruppe der Weltwirtschaft. Das Bildungssystem, das dem Land im Rahmen der PISA-Studien hohes Ansehen einbrachte, unterstützt diese Politik. Dennoch wächst der Abstand zwischen Arm und Reich, zwischen den südlichen Wachstumsregionen und dem Norden des Landes.

2009 brach die Wirtschaft im Zuge der Finanzkrise um besorgniserregende 8,4 % ein, erholte sich aber in den darauf folgenden Jahren wieder. 2012 war allerdings nur ein sehr moderates Wachstum zu verzeichnen; für 2013 sind die Prognosen etwas günstiger. Die Arbeitslosenquote lag 2012 bei knapp 8 %.

Der Ministerpräsident hat in Finnland eine dem deutschen Bundeskanzler vergleichbare Position und wird vom Parlament gewählt. Seit 2012 regiert Jyrki Katainen von der konservativen Sammlungspartei. Direkt vom Volk gewählt wird der Präsident. Martti Ahtisaari (1994–2000), 2008 mit dem Friedensnobelpreis für seine Arbeit als UN-Vermittler ausgezeichnet, war maßgeblich am EU-Beitritt beteiligt. Seit März 2012 ist Saul Ninistö Präsident Finnlands. Frauen sind in der finnischen Politik stark vertreten: Sie stellen 42 % der Parlamentarier. Finnland ist Mitglied der EU und der europäischen Währungsunion. Verwaltungsmäßig gliedert sich das Land in 5 Provinzen und die autonomen Åland-Inseln.

Wirtschaft

Finnland entwickelte sich später als andere nord- und mitteleuropäische Länder zum modernen Industriestaat. Noch bis zum Zweiten Weltkrieg prägten Land- und Forstwirtschaft die Ökonomie. Erst der Zwangsfriede mit der Sowjetunion setzte im Verbund mit Reparationszahlungen Kräfte zum raschen Wandel der Agrargesellschaft frei.

Inzwischen ist die Informationstechnologie erster Garant für eine wirtschaftlich starke Stellung. Auch konnten der Maschinenbau sowie die Metall verarbeitende Industrie neue Märkte erschließen. Textilien, Glas, Porzellan, Rohpelze und Pelzbekleidung liefern einen wichtigen Exportbeitrag. Russland ist der wichtigste Handelspartner Finnlands, gefolgt von Deutschland und Schweden. Neben Nokia – nun bedrängt von Apple – haben viele Firmen wie Kone, Polar, M-Real und UPM weltweite Reputation erlangt.

Geschichte im Überblick

Als Finnlands Ureinwohner gelten die Sámi. Die Finnen, *suomalaiset,* wanderten in den ersten Jahrhunderten unserer Zeitrechnung ein.

1155, 1239, 1293 Die Schweden erobern in drei Kreuzzügen weite Landesteile.

1323 Der Friede von Schlüsselburg legt die schwedisch-russische Grenze fest: vom heutigen St. Petersburg nordwestwärts zum Bottnischen Meerbusen.

1362 Finnland wird schwedische Provinz.

1523 Gustav I. Wasa von Schweden setzt die Reformation durch.

1595 Der Friede von Täyssinä beendet den 25-jährigen Krieg mit Russland.

1617 Nach 8 Jahren Krieg nimmt Schwedens König Gustav II. Adolf im Frieden von Stolbova den Russen ganz Karelien ab.

Ab 1640 In Turku entsteht die erste Universität. Das Volk leidet unter Schwedens Kriegsbürden. Ein Drittel verhungert 1696/97.

1700–21 Im Nordischen Krieg bricht Schwedens Vormachtstellung zusammen.

1741 Im erneuten Krieg mit Russland, dem »Kleinen Unfrieden«, verliert Schweden im Frieden von Turku weitere Teile Südostfinnlands.

1809 Zar Alexander I. fällt in Finnland ein. Im Frieden von Hamina tritt Schweden Finnland und die Åland-Inseln an Russland ab. Die Ausrufung zum russischen Großfürstentum wird zur Geburtsstunde der finnischen Nation. 1812 erhebt Alexander I. Helsinki zur Hauptstadt.

1863 Finnisch und Schwedisch werden gleichberechtigte Landessprachen.

1899 Das Februarmanifest Zar Nikolaus' II. beschneidet die Rechte der Finnen.

1905 Mit einem Generalstreik erzwingen die Finnen die Wiederherstellung der Autonomie.

1906 Frauen erhalten (erstmals in Europa) das Wahlrecht.

1917 Im Zuge der Oktoberrevolution erklärt Finnland am 6. Dezember seine Unabhängigkeit. Der Senat wählt P. E. Svinhufvud zum ersten Präsidenten.

1918 Ein radikaler Flügel der Sozialdemokratischen Partei tritt für eine Revolution nach russischem Vorbild ein. Im Bürgerkrieg kämpfen gegeneinander »Rote Garde« und »Weiße«, die unter Marschall Carl Gustav Mannerheim siegen.

1918/19 Der zum König gewählte Prinz Karl von Hessen verzichtet auf den Thron. Am 17. Juli 1919 wird die Republik ausgerufen.

1922 Sowjetrussland überträgt Finnland das Gebiet von Petsamo und damit einen Eismeerhafen.

1921/22 Der Völkerbund spricht Finnland die Åland-Inseln zu, denen 1922 ein autonomer Status verliehen wird.

1939/40 Sowjetische Gebietsforderungen entfachen den Finnisch-Sowjetischen Winterkrieg. Finnland verliert 1940 Teile Kareliens, das Salla-Gebiet und den Westen der Fischerhalbinsel.
1941–44 Finnlands Regierung lehnt sich an Deutschland an. Im Zuge des deutschen Russlandfeldzuges kommt es erneut zum Krieg mit Russland. Der Zwischenfriedensvertrag von Moskau weist Finnland in die Grenzen von 1940 zurück, es verliert den Eismeerhafen Petsamo. Über 480 000 Menschen werden aus Karelien umgesiedelt.
1944/45 Lapplandkrieg.
1944–46 Marschall Mannerheim ist kurzzeitig Staatspräsident.
1946–56 Ein Freundschafts- und Beistandspakt legt den Grundstein für gutnachbarliche Beziehungen zur UdSSR.

Der Lapplandkrieg

Nach einer sowjetischen Großoffensive musste Finnland am 4. 9. 1944 einen Waffenstillstandsvertrag annehmen, der es dazu verpflichtete, die noch in Lappland befindlichen 200 000 deutschen Soldaten zu vertreiben. Die Räumfrist von nur 14 Tagen zog unwillkürlich Kampfhandlungen nach sich, die bis 1945 andauerten. Dieser Lapplandkrieg brachte beiden Seiten schwere Verluste. Im Norden wurden fast 100 000 Menschen evakuiert. Sie mussten heimkehren in ein Lappland, in dem die Deutschen »verbrannte Erde« hinterlassen hatten.

1955 Aufnahme in die UNO und den Nordischen Rat.
1956–81 Staatspräsident Urho Kekkonen lenkt die vom freundschaftlichen Verhältnis zur UdSSR geprägte finnische Politik.
1969 In Wien und Helsinki nehmen USA und UdSSR die SALT-Abrüstungsverhandlungen auf.
1973 KSZE-Konferenz in Helsinki. Finnland knüpft diplomatische Bande zur BRD und DDR.
1982 Nach Kekkonens Rücktritt wird der Sozialdemokrat Mauno Koivisto Staatspräsident.
1991 Nachbarschafts- und Kooperationsvertrag mit Russland.
1994 Der Sozialdemokrat Martti Ahtisaari wird Staatspräsident.
1995 Aufnahme in die EU.
2000 Wahl der Sozialdemokratin Tarja Halonen zur ersten Staatspräsidentin (erneut 2006). Die Verfassungsreform stärkt die Position des Ministerpräsidenten.
2004 Finnland betont die Bündnisfreiheit; es hält sich die Option der NATO-Mitgliedschaft offen.
2008 Martti Ahtisaari erhält den Friedensnobelpreis.
2009 Bei den Wahlen zum EU-Parlament sind acht der 13 gewählten Kandidaten Frauen.
2011 Turku ist Kulturhauptstadt. Bei den Parlamentswahlen ist die rechtspopulistische Partei der wahren Finnen drittstärkste Partei, Verlierer die Zentrumspartei.
2012 Jyrki Katainen wird Premierminister, Saul Ninistö Präsident Finnlands.
2013 Helsinki und Stockholm richten gemeinsam die Eishockey-Weltmeisterschaft aus.

Natur und Umwelt

Kein Land der Erde weist, bezogen auf die Gesamtfläche, mehr Moore auf als Finnland. Feuchtgebiete prägen die Landschaft nicht weniger als die viel gerühmten Seen. Weißes Wollgras und hellrote Sumpfblumen schenken weiten Flächen ihre betörende Farbe. Der Erhalt der Moore ist nicht nur Anliegen der Naturschützer, sondern auch der Feinschmecker, denn dort gedeiht die Molte- oder Sumpfbrombeere (finn.: *lakka, hilla*). Man schätzt sie frisch als Frucht oder als Likör.

Finnland liegt größtenteils in der von Kiefern bestimmten borealen Nadelwaldzone. Fichten sind in etwa einem Drittel aller Wälder vertreten, Laubbäume, darunter vor allem Birken, machen 10 % des Baumbestandes aus.

Die Stille ist die Melodie des Waldes, vor allem im Winter. Schnee schützt die Pflanzenwurzeln, aber auch die Tiere über und unter der Erde. Der Braunbär hält Winterschlaf, der Elch schaltet auf Sparflamme. Selbst während der übrigen Jahreszeiten sieht man bei Tage vorwiegend Vögel, denn die meisten Säugetiere sind nachtaktiv. Am ehesten begegnet man in Lappland Herden halbdomestizierter Rentiere (s. u.). Von den 67 vertretenen Säugetierarten kommt die Saimaa-Ringelrobbe

Poro, poro

Lappland im Mai: Tagtäglich staksen mehr der rund 6 kg schweren, milchschokoladebraunen Rentierkälber über die blühenden Fjäll-Wiesen. Ende Juni werden es 150 000 sein. Ihrem Wandertrieb folgend ziehen die Rentiere (finn.: *poro*) dann im Herbst in die flechtenreichen Kiefernwälder. Die Romantik der Sámi, die in ihren Zelten über Hunderte von Kilometern ihre Herden begleiteten, ist Vergangenheit. Heute überwachen sie mit Motorschlitten oder Geländefahrzeugen ihre Tiere.

Zwischen September und Januar findet die Rentierscheidung statt, d. h. die *poromies*, die Renhirten, wählen die schlachtreifen Tiere aus. Felle, Geweihe und Knochen werden für handwerkliche Arbeiten verkauft, das Fleisch für die köstlichsten Gerichte vorbereitet. Es ist fettarm, überaus reich an Mineralstoffen wie Kalium, Kalzium, Phosphor sowie Kupfer, und der Vitamin-C-Gehalt liegt fünfmal höher als bei Rindfleisch. Die hohe Fleischqualität erklärt sich aus der ausgewogenen Nahrungszusammensetzung der Tiere, die im Sommer mehr als 300 verschiedene Pflanzenarten knabbern. Im Herbst sind Pilze, im Winter Flechten ihre Hauptnahrung. Luftverschmutzung, Landflucht und intensive forstwirtschaftliche Nutzung angestammter Weidegebiete stellen jedoch Probleme für die herkömmliche Rentierweidewirtschaft dar.

ausschließlich in Finnland vor. Größere Raubtiere bekommt man kaum zu Gesicht, obwohl ihre Bestände wieder stark angestiegen sind, nach neuesten Angaben auf rund 300 Wölfe, 850 Luchse, 1000 Braunbären und 150 Vielfraße. Der Elch, vor 250 Jahren nahezu ausgestorben, hat sich derart vermehrt, dass jährlich bis zu 80 000 Tiere erlegt werden. In den fischreichen Flüssen und Seen tummeln sich 77 Fischarten wie Forelle, Felchen, Hecht und Lachs.

Braunbären sind in den nördlichen Nationalparks verbreitet

Die Menschen

Was ist typisch finnisch? Blonde Haare und blaue Augen, Menschen vom Typ eines Kimi Räikkönen oder Mika Häkkinen? Oder geschminkte Rocker wie Ville Valo von HIM oder das Teenie-Idol Lauri Alanen von The Rasmus? Das aus den Medien bekannte Spektrum ist bunt.

Die Jungen sind nicht mehr die, die »in zwei Sprachen schweigen«, wie man früher sagte, sondern weltoffene, sprachkundige Europabürger. Aber sie wissen, dass es in ihrem Land heisst: »Reden ist Silber, Schweigen ist Gold.« Zu viel Small Talk findet man in Finnland immer noch suspekt, und das Volk, das mit 16 Einwohnern je Quadratkilometer immens viel Platz hat, legt großen Wert auf Privatsphäre. Für Besucher lohnt es sich, dies als Wesenseigenschaft zu akzeptieren. Dann kann Zurückhaltung schnell freundschaftlicher Verbundenheit weichen.

Finnlands Gesellschaft ist relativ homogen, nur 3 % sind Ausländer. Da über 90 % der Bevölkerung Finnisch als Muttersprache haben und knapp 80 % der evangelisch-lutherischen Kirche angehören, sind die Gegebenheiten weniger divers als in vielen anderen Ländern. Die Schule ist für alle Kinder bis zum Ende der neunten Klasse einheitlich.

Das Finnische gehört zur finnisch-ugrischen Sprachfamilie. Eng verwandt ist Estnisch, weniger Parallelen gibt es zum Ungarischen. Diese Sprachen verfügen über keinerlei Ähnlichkeiten mit den größeren Sprachen Europas. Noch etwa 2600 Sámi › S. 38, die als die Ureinwohner des Landes gelten, sprechen ihre eigene Sprache, die ebenfalls dem Finno-Ugrischen verwandt ist. In der Schule und in den Medien wird das Sámische heute wieder verstärkt gelehrt bzw. verwendet.

Die Kultur der Sámi

Die Wurzeln der samischen Urbevölkerung reichen etwa 10 000 Jahre zurück. 2000 Jahre lebten die Sámi zunächst in Südskandinavien als Jäger und Fischer. Jede fünfte Familie begleitete damals als nomadische Hirten große Renherden und das halbdomestizierte Ren lieferte Materialien für vielerlei Gebrauchsgegenstände. Im Laufe der Jahrhunderte wurden die Sámi immer weiter nach Norden gedrängt, wo sie heute ein 100 000 km² großes Gebiet besiedeln, das sich Norwegen, Schweden, Finnland und Russland teilen.

Die Rentierhaltung in der gegenwärtig noch betriebenen Form ist erst seit dem 17. Jh. bekannt. Die Besitzer der Tiere wussten einst jedes einzelne nach Geschlecht, Alter, Kopfform, Geweih, Farbe, Länge und Dichte des Fells genau zu bezeichnen – weshalb das Sámische mehrere hundert Worte kennt, die das Ren beschreiben. Dafür fehlen die Worte »Krieg« und »Gewalt«.

Nach dem Zweiten Weltkrieg wuchs ein neues Selbstbewusstsein unter den Sámi, die lange unter dem Kräftemessen der nordischen Staaten litten. Eine Renaissance haben u. a. Musik und Literatur erlebt. Legenden gehören zum alten Kulturgut, heroisch-leidenschaftliche erzählen die Inari-Sámi, lyrische die Skolt-Sámi. Aus der Improvisation geborenen sind die reimlosen *Joiku*-Gesänge. Gleich einem schier endlosen Singsang berichten die Lieder aus dem Alltag, von den Tieren, vor allem aber den Gedanken und Gefühlen der Menschen. Nur ein dumpfes Trommeln erklingt zuweilen als Begleitung.

Technik und moderne Lebensformen zeigen auch bei den Sámi ihre Auswirkungen: Feste Häuser haben die Zelte ersetzt, Maschinen und Motorschlitten hielten Einzug in die Rentierzucht. Das Tragen der Sámi-Trachten unterliegt jedoch strengen Regeln. An dieser Tradition rüttelt nicht zuletzt der Tourismus. Einkommen und Arbeitsplätze sind die eine, Verfälschung der Sámi-Kultur zwecks Vermarktung von »Folklore« die Kehrseite der Medaille.

Die Kunsthandwerker beschreiten vielfach neue Wege in der Formgebung. Außer Materialien vom Ren verarbeiten sie Hölzer und Metalle wie Silber. Echte Sámi-Handarbeit trägt das Etikett »Sámi Duodi«.

Kunst und Kultur

Die gegensätzlichen Weltanschauungen von West und Ost beeinflussten über die Jahrhunderte hinweg das finnische Kulturschaffen. Junge Künstler werden davon jedoch immer weniger geprägt und suchen selbstbewusst eine eigenständig Kulturidentität. Dennoch ist die Kunst nach wie vor stark von der nordischen Natur inspiriert.

Literatur

Das Schriftfinnische begründeten die erste finnische Bibelausgabe (1545) sowie **Mikael Agricolas** Übersetzung des Neuen Testaments (1548). Doch erst Anfang des 19. Jhs. verwendeten die Schriftsteller Finnisch anstelle der Bildungssprache Schwedisch.

Die Wende zur modernen Literatur leiteten das 1835 veröffentlichte Nationalepos »Kalevala« von **Elias Lönnrot** (1802–1884) und **Aleksis Kivis** (1834–1872) Schelmenroman »Die sieben Brüder« (»Seitsemän veljestä«, 1870) ein. Beide Werke zählen zur Weltliteratur. Kivi verbindet Ursprung und Legende mit Fortschritt und Entwurzelung; seine »Brüder« scheitern an der Zivilisation und kehren zurück in den Schoß des Waldes. Das Motiv des Scheiterns kennzeichnet die Literatur Finnlands. Es prägte auch die Werke seines einzigen Literaturnobelpreisträgers (1939), **Frans E. Sillanpää** (1888–1964; »Das fromme Elend«).

Die Wechselbeziehung von nationalem und individuellem Schicksal beleuchten Nachkriegsautoren, **Väinö Linna** (1920–1992) etwa, anhand von Themen wie Krieg, Landverlust und Flüchtlingsschicksal. Millionenauflagen in aller Welt erzielten **Mika Waltaris** (1908–1979) historische Romane, z. B. »Sinuhe der Ägypter«.

Neben den bekannten Gegenwartsliteraten – **Paavo Haavikko** (»König Harald«), **Veijo Meri** (»Quitt«) oder der schwedisch schreibenden Märtä Tikkanen (»Wie vergewaltige ich einen Mann«) – finden zahlreiche neue Namen, z. B. **Petri Tamminen** (»Der Eros des Nordens«), **Robert Åsbacka** (»Das zerbrechliche Leben«) oder Olli Jalonen (»Vierzehn Knoten bis Greenwich«), ihre Leser. Überaus erfolgreich ist **Arto Paasilinna** (»Das Jahr des Hasen«, »Sommer der lachenden Kühe«).

Hohe Aufmerksamkeit erlangten zwei Frauen mit ihren Debütromanen: die Sámi-Autorin **Kirsti Paltto** (»Zeichen der Zerstörung«) und **Kristina Carlson** (»Ins Land am Ende der Welt«). Krimiautoren wie **Leena Lehtolainen** (»Wie man sie zum Schweigen bringt« und andere Fälle von Maria Kallio) und **Reijo Mäki** (»Die gelbe Witwe«, »Tango Negro«) haben international ihr Publikum gefunden.

Weltberühmt wurden die von der Autorin **Tove Jansson** (1912–2002) selbst illustrierten liebenswerten Mumin-Geschichten › S. 22, 79.

Film

Über die Landesgrenzen hinaus hat der finnische Film Aufsehen erregt, jüngst Joonas Berghälls und Mika Hotakainens Saunafilm »Steam of Life« › S. 26. Altbekannte, international ausgezeichnete Regisseure sind die Brüder **Aki und Mika Kaurismäki.** Ihre wortkarg-poetischen Filme erzählen von Entwurzelung und sind längst zu Kultfilmen geworden. Vor allem die Finnland-Trilogie, »Wolken ziehen vorüber« (1996), »Der Mann ohne Vergangenheit« (2002) und »Lichter der Vorstadt« (2006) haben zahlreiche Preise gewonnen, u.a. den Großen Preis der Jury in Cannes 2002 für »Der Mann ohne Vergangenheit«.

Musik

Die ältesten finnischen Melodien sind nur mündlich überliefert. Erst der berühmte Komponist **Jean Sibelius** (1865–1957) schlug eine Brücke zur internationalen Musikwelt. Seine Frühwerke und Sinfonien griffen Kalevala-Motive auf und nationale Themen inspirierten die sinfonische Dichtung »Finlandia«.

Danach wurde es still, bis in den 1980er-Jahren die Musikkultur neuen Aufschwung fand, der internationale Trends auf eigenständige Weise widerspiegelt. Zu den bekannten zeitgenössischen Komponisten zählt **Aulis Sallinen,** dessen Oper »Kullervo« auf Aleksis Kivis gleichnamiger Tragödie aufbaut. Das Land hat zudem eine Reihe von Spitzendirigenten wie **Esa-Pekka Salonen, Leif Segerstam** und **Jukka-Pekka Saraste** und herausragende Solisten wie **Tamara Lund** oder **Matti Salminen** auf die Weltbühnen gebracht. Auch **Martti Talvela** (1935–1989) wird immer zu den großen Stimmen der Neuzeit gehören.

Auf dem Rock-Pop-Sektor brachten die Metal-Rocker **Lordi** Finnland 2006 den ersten Sieg bei einem Eurovision Song Contest. Echte internationale Chartstürmer sind Gruppen wie **The Rasmus, Sunrise Avenue, Nightwish** oder **HIM,** während die temperamentvollen Sängerinnen von **Värttinä** karelische Melodien frech modernisiert im Dialekt der Region auf internationalen Bühnen präsentieren. Made in Finnland ist angesagt. Auch in der **Tangoszene** › S. 46.

Die Band Värttinä

Malerei und Skulptur

Die mittelalterlichen Malereien in den derben Grausteinkirchen zeigen deutliche mitteleuropäische Einflüsse. Noch Mitte des 19. Jhs. lieferte die »Düsseldorfer Schule« finnischen Malern Impulse, die sich erst danach allmählich freizuschwimmen begannen; die Werke des größten Malers dieser Epoche, **Albert Edelfelt** (1854–1905), standen allerdings noch stark unter italienischem und französischem Eindruck.

Akseli Gallen-Kallela (1865–1931; › S. 73) kreierte einen nationalromantischen Stil, der solchen Widerhall fand, dass finnische Künstler damals Strömungen aus dem übrigen Europa ablehnten, um ihre eigene Identität zu finden. Junge Maler um **Tyko Sallinen** (1879–1955) entwickelten einen lange Zeit richtungsweisenden finnischen Expressionismus. Doch von Sallinens herber Eigenwilligkeit heben sich **Helene Schjerfbecks** (1862–1946) Frauenbildnisse ab, die sich auf verfeinerte Weise auf das Wesentliche reduzieren.

Auch die Bildhauerkunst fand vergleichsweise spät zu einem eigenständigen Stil. Aufschwung verlieh ihr das Ende des Zweiten Weltkriegs.

»Herr der Ringe« – Wurzeln im Land des Kalevala

Bevor Elias Lönnrot 1827–1838 Karelien durchstreifte, um sich von alten Sängern Abertausende von Verszeilen vortragen zu lassen, war finnische Volksdichtung nur mündlich überlieferter Gesang oder Sprechgesang, vorgetragen zur fünfsaitigen Zither, der *Kantele.* Die sog. karelischen Runen – abgeleitet vom finnischen *runo* für Gedicht, Epos – umfassten in der Regel wenige Zeilen, konnten aber mit schier unendlichen Versfolgen die Zuhörer über Stunden unterhalten. Reimlos, nur im Gleichklang des Anlauts eine Melodie erzeugend, so ist der Vers des »Kalevala«, das Finnlands grandioses Nationalepos ist (1835). Dafür trug Lönnrot 22 795 Verszeilen (gegliedert in 50 Gesänge) alter Lieder und Sprüche vorchristlichen oder christlichen Charakters zusammen.

Bis in die 1930er-Jahre bewunderte das Volk die Runensänger. Für Anfang und Ende einer Geschichte lagen Standardverse fest, dazwischen gestaltete jeder dieser wandelnden Familienchronisten improvisierend seinen Vortrag.

Weniger bekannt ist, dass der Autor J. R. R. Tolkien viele Inspirationen für sein Werk »Herr der Ringe« aus den Runen des Kalevala bezog. Er lernte sogar Altfinnisch, um das Epos in der Originalfassung lesen zu können. Besonders das Land der Elfen und die sauberen weißen Wälder dienten ihm als Vorlage. Tolkien faszinierte im Kalevala die mystische »Reise für Seele und Geist«.

Auch heute ist das Kalevala im Alltag gegenwärtig, alte Namen wie Aino, Väinö und Sampo sind wieder beliebt. Der Grundgedanke des Kalevala spiegelt zudem die urfinnische Lebenshaltung: Naturverbundenheit, Verantwortungsbewusstsein und Respekt gegenüber den Mitmenschen – das kennzeichnet die Finnen nach wie vor. Auch der Gedanke, dass jeder »seines Glückes Schmied« ist, kommt aus den Liedern des Kalevala. *Sisu* (Durchhaltevermögen) und Stärke zeigen seine Gestalten: In einem Land, wo die Natur karg und kalt ist, muss jeder tapfer für sich kämpfen und nicht auf Kosten der anderen leben oder in der Hoffnung auf himmlische Hilfe ausharren.

Mahnstätten und Skulpturen für neue Wohnanlagen sollten entstehen – Aufträge, von denen auch **Wäino Aaltonen** (1894–1966, › S. 90) profitierte. Für seine neue Perspektiven eröffnenden Skulpturen (z.B. der Brücke Hämeensilta in Tampere) verwendete er Granit, aber auch Marmor, Kupfer und Bronze. **Aimo Tukiainens** Werke (1917–1996), darunter beispielsweise das Reiterstandbild des Marschalls Mannerheim in Helsinki, spiegeln die Entwicklung zum abstrakten Stil, dem in Helsinki das aus Rohren geschweißte Sibelius-Denkmal der Bildhauerin **Eila Hiltunen** (1922–2003) ein Zeichen setzte. Von einer besonderen Beziehung zur Natur sprechen Arbeiten von Holzbildhauern wie **Kain Tapper** (Denkmal »Wiederauferstehung Lapplands«, Rovaniemi).

Architektur

Finnlands extravagante Baukunst ist so jung wie die Nation selbst. Nur wenige Steinbauten, mittelalterliche Burgen und Feldsteinkirchen überlebten die Wirren der Kriege. Die Holzarchitektur des 17./18. Jhs. fiel größtenteils Feuersbrünsten zum Opfer, darunter ganze Stadtzentren. Umso kostbarer sind die erhaltenen **Holzhausensembles,** so die Altstadt von Rauma mit rund 600 Gebäuden aus dem 18./19. Jh. › S. 94.

Die neue Entwicklung leitete ein in Finnland wirkender Berliner Baumeister ein: **Carl Ludwig Engel** (1778–1840). Er gab Helsinki das klassizistische Gepräge, u. a. rund um den Senatsplatz › S. 59.

Das erstarkende Nationalbewusstsein verschaffte einheimischen Architekten Einfluss, die den Ruhm der finnischen Architektur begründeten. Um die Wende vom 19. zum 20. Jh. verschmolzen Baumeister wie **Eliel Saarinen** (1873–1930) und **Lars Sonck** (1870–1956) die Bauweise mittelalterlicher Feldsteinkirchen und karelischer Holzhäuser zu einem nationalromantisch angehauchten finnischen Jugendstil.

Saarinen gestaltete Helsinkis Nationalmuseum und Hauptbahnhof sowie den viel beachteten Finnischen Pavillon für die Pariser Weltausstellung des Jahres 1900. Sie lieferte Saarinen sowie Armas Lindgren (1874–1929) und Herman Gesellius (1874 bis 1916) wichtige Anregungen. Gemeinsam schufen diese drei Architekten bedeutende Bauwerke in Finnland.

Zu Anfang der 1920er-Jahre bildete sich ein klassisch-rationaler Stil heraus – das auffälligste Beispiel ist Helsinkis Parlaments-

Von Alvar Aalto geplant: das Stadthaus von Rovaniemi

Design Forum Helsinki – Schaufenster finnischer Gestaltung

gebäude von **Johan Sigfrid Siren** (1889–1961). Zur gleichen Zeit begann sich der Funktionalismus durchzusetzen, dem der 35-jährige **Alvar Aalto** (1898–1976) mit der 1933 gebauten Lungenheilanstalt von Paimio ein erstes Denkmal setzte.

Internationale Anerkennung brachte Aalto Finnlands Pavillon für die New Yorker Weltausstellung 1939. Aalto, der in puncto Stil und Materialien neue Wege ging, erhielt Aufträge in aller Welt. In Finnland ent-

Design – unverkennbar finnisch

Ob in Kunsthandwerk oder Industrie, finnisches Design steht für funktionelles Gestalten mit klaren Linien, für harmonische Farbkombinationen, für die liebevolle Nutzung heimischer natürlicher Materialien. Die ersten »Designer« waren Architekten wie Eliel Saarinen und Alvar Aalto, dessen Sitzmöbel und Lampen heute als Klassiker gelten. Seit den 1950er-Jahren haben Stardesigner wie Tapio Wirkkala, Timo Sarpaneva (Glas), Dora Jung (Textilien) und Bertel Gardberg (Metall und Schmuck) Finnlands Ruf gefestigt. Die neuen Namen stehen für unkonventionelles, experimentelles Gestalten wie die Möbelkreationen der Gruppe Snowcrash.

Den Weltmarkt erobert haben die schlichten bedruckten Textilien der Marke Marimekko, Porzellan und Keramik der Marken Arabia und Pentik, Glas aus Iittala, Nuutajärvi, Riihimäki und Kumela sowie finnische Schuhe und Pelze. Trotz einer über 600-jährigen Tradition wird finnischer Schmuck erst seit etwa 40 Jahren exportiert. Kalevala-Schmuck nach alten Motiven findet im Ausland ebenso Absatz wie Björn Weckströms ausdrucksstarke »Lapponia«-Kreationen.

warf er Wohngebäude, Universitäten, Verwaltungsbauten, Theater und Industrieanlagen. Dieser Grandseigneur modernen Bauens inspirierte junge Architekten. Viel beachtete Werke sind **Reima Pietiläs** Kaleva-Kirche in Tampere (1966, › S. 79), **Timo und Tuomo Suomalainens** Felsenkirche in Helsinki (1969, › S. 64) und die Stadtbibliothek in Tampere › S. 80, bei der **Reima und Raili Pietilä** Beton mit Naturmaterialien versöhnten.

Feste und Veranstaltungen

Die jährlich über 1500 Veranstaltungen finden vorwiegend zwischen Juni und August in kleineren Städten und Ortschaften statt. Über die wichtigsten erteilt Finland Festivals r. y. in Helsinki Auskünfte (Temppelikatu 3–5 A5, Tel. 09-612 6760, www.festivals.fi)

Veranstaltungskalender

6. Januar: Loppiainen, Sternsinger gehen von Haus zu Haus.
Ende Februar: Finlandia-hiihto, 50-km-Volksskilauf in Lahti mit jährlich mehr als 5000 Teilnehmern (http://english.finlandia hiihto.fi).
Zwei Wochen vor Ostern: Marianpäivät, ein buntes Fest der Sámi in Hetta.
Anf. März: Internationales Kurzfilm-Festival in Tampere.
Ostern: Fest der Skolt-Sámi in Sevettijärvi.
Vorabend des 1. Mai und Maifeiertag: Vappu-Fest. Am

Beim Pori Jazz im Juli haben Sessions überall ihre Bühne

31. Mai sind die Straßen voll, wie andernorts zu Karneval, aber nur einen Tag lang – dafür mit noch mehr alkoholischen Getränken.
2./3. Juni-Woche: Midnight Sun Film Festival (www.msfilmfestival.fi) in Sodankylä, **Musikfestspiele** in Ilmajoki, Naantali (www.naantalimusic.com) und Riihimäki (www.riihimakirock.fi).
3. Juni-Wochenende: Provinssirock – eines der größten Rockfestivals Finnlands in Seinäjoki (3 Tage; www.provinssirock.fi).
Zwischen 20. und 26. Juni: Freitag und Samstag landesweit **Mittsommernachtsfeiern,** Johannisfeuer brennen. Überall gibt es Grillfeste und man tanzt die Nacht durch (und schläft nicht).
Ende Juni/Anf. Juli: Opernfestspiele in Savonlinna (www.operafestival.fi) mit internationaler Starbesetzung.
Anf. Juli: Tuska Open Air Metal Festival im Kaisaniemi Park, Helsinki (www.tuska-festival.fi/en).
Nach dem 2. Juli-Wochenende: einwöchiger **Tangomarkkinat** in Seinäjoki, das größte Tangofestival der Welt › S. 47.
Mitte Juli: Pori Jazz; Finnlands größtes **Volksmusikfestival** in Kaustinen (1 Woche, www.kaustinen.net); **Kammermusik-Festspiele** (14 Tage) in Kuhmo. **Ruisrock,** Finnlands ältestes Rockfestival, in Turku (www.ruisrock.fi), **Musikfestival** in Korsholm (Vaasa, www.korsholmmusicfestival.fi).
1. August-Wochenende: Neste Rally Finland in Jyväskylä.
Mitte August: Musikfestspiele in Turku (www.tmj.fi); **Internationales Theaterfestival** in Tampere (www.teatterikesa.fi).
Mitte August: Helsinki Festival (14 Tage) mit »Nacht der Künste« (www.helsinginjuhlaviikot.fi/en).
1. November-Wochenende: Tampere Jazz Happening.

Echt gut!

Die skurrilsten Sommerfestivals

■ Was mit Joe Cocker in Woodstock 1969 als Gag begann, entwickelte sich zu einem heiteren Wettbewerb: Wer die verrücktesten Griffe, die besten Verrenkungen, das ausgefallenste Outfit in einer 60-Sekunden-Show zeigt, siegt in der jährlichen **Weltmeisterschaft im Luftgitarrespielen** in Oulu › S. 129 im Sommer (www.airguitarworldchampionships.com).

■ Hyrynsalmi ist ein Ort mit knapp 3000 Einw. in Kainuu (170 km östl. von Oulu › S. 129). Dort herrscht im Juli Ausnahmezustand, wenn zwei Tage ca. 5000 Kicker – Männer wie Frauen – um die **Schlamm-Fußball-Weltmeisterschaft** kämpfen (www.ukkohalla.fi/en/events/swamp+soccer).

■ Ein Klassiker unter den außergewöhnlichen Events – mit vielen ausländischen Teilnehmern – ist die **Weltmeisterschaft im Ehefrauen-Tragen** in Sonkajärvi (15 km östl. von Iisalmi › S. 120). Sie findet Anfang Juli statt (www.eukonkanto.fi).

■ In Punkaharju › S. 115 bei Savonlinna wird Ende August um die **Weltmeisterschaft im Handy-Weitwurf** gekämpf – in vier Disziplinen für Frauen, Männer und Kinder: Junior, Freestyle, Original und Team Original (www.mobilephonethrowing.fi).

Special

Tango unter der Mitternachtssonne

Zwei Arten von Tanzmusik haben die Finnen importiert: argentinischen Tango und Humppa, der viele Elemente des deutschen Schiebers enthält. Beide wurden Teil ihrer kulturellen Identität.

Die **finnische Tangovariante** erinnert mehr an Marschieren als an die anmutige Schrittfolge des argentinischen Tanzes. Doch keinen Finnen stört, dass er nicht das Schleichen der Argentinier beherrscht. Im Gegenteil. Fast scheint es, als wolle man mit aller Kraft den Winter aus den Körpern treiben, um nur ja nicht den Sommer voller Liebe und Glück zu verpassen.

Den **Humppa** dagegen, den »Schieber« der 1920er-Jahre, tanzen auf den sommerlichen Tanzdielen nur wenige Mutige, die sich an die Mischung aus Walzer, Foxtrott und Tangoschritten wagen, schwungvoller Ausdruck des Lebensgefühls der Menschen und ihrer Landschaft.

»Naistenhaku«

Ob es nun elegante Tanzrestaurants oder dörfliche Tanzplätze sind – eines haben diese Orte gemeinsam: Damenwahl. In den Tanzrestaurants gibt es meist dienstags und donnerstags ausschließlich »Naistentanssit« (Damenwahltanz). An der Tanzfläche verkündet dann eine Leuchtschrift, die vom Orchester bedient wird: »Naistenhaku«. Dabei gelten allseits bekannte, feste Regeln. Die Damen holen sich die Männer zum Tanz, und auch nur dazu! Die besten Aussichten haben deshalb exzellente Tänzer, die keine Aufreißer sind, denn die Damen wollen gekonnt über das Parkett geführt werden.

Tanzrestaurants in der Hauptstadtregion

■ **Wanhan Tanssikellari & Grill**

Kaivopiha][Mannerheimintie 3
Helsinki][Tel. 010-766 4380
www.wanhantanssikellari.fi
Tanz Mo 16–24, Di–Do 16–2, Fr 16–4, Sa 20–4 Uhr, Mittagstisch Mo–Fr 10.30–14 Uhr, Grill Di–Sa ab 16 Uhr. Der Himmel der Tanzfreunde.

■ **Tulisuudelma**

Sokos Hotel Vantaa][Vantaa
Hertaksentie 2][Tel. 020-123 4618
Di–Do 21–2, Fr, Sa 21–4 Uhr. Tanzen, wo die Stars live singen.

Tanz durch den Sommer

Eine der großen Sommerfreuden der Finnen ist das Tanzen im Freien in einer »tanssilava«– meist freitags und samstags ab 21 Uhr. Die Damen sitzen im Kreis, die Herren warten am Rand. Doch wenn Tango, Samba, Walzer oder Rock'n'Roll erklingen, gibt es kein Halten mehr. Und »saanko luvan?« heißt: »Darf ich bitten?«

■ **Riutanharju**

Rinnetie 1, Riihimäki › S. 83. Topadresse für Tanz und Essen im Sommer.

■ **Tulenliekki**

Jylhäntie 30, Leppävirta › S. 114
www.tulenliekki.fi
Mit dem Flair des finnischen Ostens.

■ **Suukosken Keidas**

Itäpuolentie,Tervola (ca. 40 km nördl. Kemi › S. 130). Romantik im Norden.

1 Tangofestival in Seinäjoki

Ausgerechnet Seinäjoki › S. 100 haben sich die Tangoholics zu ihrem Mekka auserkoren. Bis auf

die Sommertage, an denen Sänger mit geschlossenen Augen von der Liebe singen, »die man nicht wegwerfen soll«, ist es ein vergessener Ort in Westfinnland. Doch wenn sich Tausende über die Tangostraße schieben, Wetter egal, dann kommt Seinäjoki nicht mehr zum Schlafen. Paare in Jogginganzügen und Sandalen machen die Straßen zum Parkett, nicht selten fegt die Frisur einer Dame den Asphalt. Der **Tangomarkkinat** in Seinäjoki vereinigt Straßentanz und Bühne für den Sängernachwuchs. Beim Endkampf um die Tangokönigswürden in der Arena – live im Fernsehen übertragen – lauschen die Zuhörer Interpreten, die ihre Nachbarn sein könnten, nur etwas sonnenbankgebräunter vielleicht. Sind die Sieger gekürt, folgt eine lange Tangonacht.

Festivaali-Info

Kauppakatu 15 C][Seinäjoki
Tel. 06-420 1111
www.tangomarkkinat.fi
Woche nach dem 2. Juli-Wochenende. Eintritt teilweise frei, Tageskarten für Konzerte 25–45 €. Vorreservierung empfohlen, v. a. für die Unterkünfte.

Essen und Trinken

In Mitteleuropa zählt die finnische Küche nicht zu den Gesprächsthemen, bei einer Reise durch Finnland aber bringen landessprachliche Speisekarten Spannung ins Geschehen. Teuer braucht der kulinarische Spaß nicht zu werden, wenn man einen selbst gefangenen Fisch auf einen Zweig steckt und über offenem Feuer brutzeln lässt – wobei man Angelschein und örtliche Fanggenehmigung besitzen sollte.

Ein exklusiverer Genuss sind Lachs oder Regenbogenforelle gebeizt *(graavilohi/kirjolohi)*. Die Forellen, in Streifen oder als Ganzes an Stöckchen über dem offenen Lagerfeuer gegart oder als »Gekreuzigte« auf ein Brett genagelt und neben dem Feuer geräuchert, bescheren ein wahrhaft unvergessliches Geschmackserlebnis.

Pikante Happen und Deftiges

Für viele sind die skandinavischen Buffets *(seisova pöytä)* auf den Ostseefähren erste Begegnung mit Finnlands Küche. Kosten Sie als Erstes *silli* (Heringshappen) oder *silakka* (Strömling als kleine Rollmöpse in Essigmarinade), dann Fische und Meeresfrüchte, ehe Sie sich kalte Fleischhappen – manchmal ist Rentierbraten darunter – auflegen. Beilagen sind Salate, Pilze, Marinaden und die kleinen Kartoffeln.

»Richtig« finnisch essen kann man nur als Gast einer Familie. Gebratene Klöße und Wurstgerichte stehen hoch oben auf dem häuslichen Speiseplan. Neben Aufläufen sind Suppen aller Art beliebt. Erbsensuppe ist eine Leib- und Magenspeise. Herrlich schmeckt im Sommer *kesäkeitto* mit vielerlei Kräutern und Gemüsen, die Fischsuppen sind wahre Delikatessen, und die cremige Morchelsuppe sättigt mit dem Aroma der Natur. Hausfrauen zaubern leckere kleine Pfannkuchen *(lätty)* und zum Nachtisch *kiisseli*, eine Fruchtkaltschale. Eine besondere Ehre ist die Einladung zum saftigen Elchsteak.

Eine Köstlichkeit der finnischen Küche: Flusskrebse

Falls Sie abends in kleinen Ortschaften kein Restaurant oder Fastfoodlokal finden, sollten Sie die Cafeteria einer Tankstelle aufsuchen. Dort kann man meist gut und preiswert essen. Weitere Möglichkeiten sind Grill-Kioske sowie Campingplätze und Ferienhauszentren. Lokalitäten wie *baari* oder *pub* bieten keine Speisen.

Hochprozentiges und Durstlöscher

Der überaus beliebte Wodka spült keineswegs nur Krebse hinunter. Das hochprozentige Wässerchen mundet besonders gut mit Eis und gemixt mit delikaten Wildbeerenlikören: *Mesimarja* aus der arktischen Himbeere, *lakka* aus Moltebeeren, *karpalo* aus Moosbeeren. Den klaren Schnaps *Koskenkorva Viina* (38 %) sollte man mit Vorsicht genießen.

Seit Finnland die strengen Alkoholgesetze gelockert hat, erhält man Bier und leichtere Weine nicht mehr nur in den staatlichen Alko-Läden, sondern überall in Lebensmittelgeschäften.

Immer beliebter werden die *siideris* in vielerlei Geschmacksrichtungen. Sie sind süßer als die englischen oder französischen Ciders, aber mit Aromen wie Rhabarber, Moltebeere oder Blaubeere lohnt es sie zu probieren.

Der Finnen liebstes Getränk ist jedoch der Kaffee. Ihren *kahvi* trinken sie bei jeder sich bietenden Gelegenheit. Wen es nach einer Tasse verlangt, der muss nur die nächste Tankstelle anfahren – Tankstelle und Cafeteria gehören in Finnland untrennbar zusammen. Die Finnen verbrauchen weltweit die größte Menge an Kaffee, fast 10 kg pro Jahr und Person. Manchen schmeckt er mit *leipäjuusto*, kleinen Würfeln weißen Frischkäses.

Echt gut!

Köstlich finnisch

■ **Restaurant Juuri**
Korkeavuorenkatu 27][Helsinki
Tel. 09-635 732][www.juuri.fi
Frische Ideen und feine Gerichte aus frischen einheimischen Zutaten bietet dieses Restaurant beim Design-Museum. Empfehlenswert sind vor allem *Sapas*, die finnischen Tapas. ●●

■ **Restaurant Lappi**
Annankatu 22][Helsinki
Tel. 09-645 550
www.lappires.com
Lappland in Helsinki: Feines nach Sámi-Rezepten in gemütlich-rustikalem Ambiente. So geschl. ●●

■ **Wanha Laamanni**
Vuorikatu 17][Porvoo
Tel. 020-752 8355
www.wanhalaamanni.com
Nahe dem Dom empfängt das Restaurant in einem Holzhaus aus dem 18. Jh. mit gustavianischer Einrichtung. Dem Gaumen schmeicheln die Suppe mit Flusskrebsen oder Rennüsschen. ●●

■ **Wanha Fiskari**
Ruotsinsalmenkatu 1][Kotka
Tel. 05-218 6585
Beliebtes Fischrestaurant mit nautischem Dekor. Vorzüglich das Moltebeerenparfait zum Nachtisch! So geschl. ●●

■ **Ravintola Kummisetä**
Minna Canthin katu 44][Kuopio
Tel. 017-369 9880
Ein gemütlich-edler Klassiker mit Sommerterrasse. Der traditionelle, leckere Renbraten mit Pilzen und Waldbeeren wird hier mit modernen Akzenten variiert. Das Gebäude steht unter Denkmalschutz. ●●

Unterwegs in Finnland

Entdecken Sie die einzelnen Reiseregionen – jeweils mit den schönsten Touren, allem Sehens- und Erlebenswerten, Hotel-, Restaurant-, Nightlife- und Shoppingtipps

**Helsinki

Nicht verpassen!

- Den weißen Dom in der Abendsonne besuchen und gemütlich vom Senatsplatz zur Esplanade spazieren
- Mit der Linie 3T/3B oder der SpåraKOFF-Tram die Stadt entdecken
- Frühmorgens die Atmosphäre auf dem Markt am Hafen genießen und sich in der Markthalle bei einem Kaffee mit finnischer Pulla aufwärmen
- In Helsinkis Nachtleben eintauchen und nach einer Clubtour im Sommer um vier Uhr morgens schon in die Sonne blinzeln
- Die Festung Suomenlinna erkunden – bequem mit festen Schuhen

Zur Orientierung

Lediglich 4000 Einwohner zählte die frisch gebackene Hauptstadt im Jahr 1812, als Zar Alexander I. Helsinki zum Mittelpunkt des Großfürstentums erhob. Heute leben rund 595 000 Menschen (im Großraum 1,3 Mio.) in dieser bedeutenden Industrie-, Handels- und Kulturmetropole – eine Karriere, die die »Tochter der Ostsee« voller Charme gemeistert hat.

Helsinki wurde 1550 vom schwedischen König Gustav I. Wasa nördlich der Mündung des Vantaa-Flusses gegründet und 1640 südwärts an die Küste verlagert. 1808 verwüstete ein Feuer die Stadt nahezu vollständig. Nachdem Schweden Finnland im Jahr 1809 an Russland abgetreten hatte, verlor Turku den Rang der Hauptstadt an Helsinki, denn dieses lag näher an der russischen Zarenresidenz St. Petersburg.

Die Stadt verdankt der russischen Ära im 19. Jh. ihre raumgreifende Planung und ihr Flair – St. Petersburg in kleinem Maßstab. Das moderne Helsinki präsentiert sich innovativ weltoffen. Trotz des rasanten Wandels ist es den Stadtvätern gelungen, den Bewohnern die Nähe zur Natur zu erhalten und ein urbanes Szenario zu entwickeln, das alles bietet, was das Leben schön macht: Mode, Kunst, Musik, Essen, Nachtleben …

Majestätisch überragt Helsinkis Domkirche den Senatsplatz

Touren in Helsinki

Zu Fuß durch die Innenstadt

– 5 – Marktplatz › Esplanade › Bahnhof › Kampin Keskus › Sinebrychoff-Park › Esplanade

Dauer: 1 Tag
Praktische Hinweise: Helsinkis Stadtmitte – viele Sehenswürdigkeiten liegen kompakt beisammen – eignet sich für eine Besichtigung zu Fuß. Feste Schuhe sind empfehlenswert, im Sommer wegen der Kopfsteinpflasterwege, im Winter wegen Rutschgefahr auf Eis. Die Tour führt an verlockenden Einkaufsmöglichkeiten vorbei – planen Sie daher Zeit für Zwischenstopps ein!

Beginnen Sie Ihre Erkundung am ***Marktplatz Kauppatori** › S. 58 – wer morgens unterwegs ist, kann sich hier erst einmal einen Kaffee mit Hafenblick gönnen. Durch den ****Esplanadenpark** › S. 61 spazieren Sie anschließend zur **Keskuskatu,** folgen ihr – und kreuzen die Einkaufstraße **Aleksanterinkatu** › S. 63 (mit Skandinaviens größtem Kaufhaus ****Stockmann**). Rund um den **Bahnhofsplatz** › S. 63 ballen sich die Stätten der Kunst: ****Ateneum, Nationaltheater** und **Kiasma.**

Jenseits der breiten Mannerheimintie geht es zum Shoppingparadies **Kampin Keskus** › S. 63 und über die **Fredrikinkatu,** Adresse von edlen Boutiquen und Galerien, zum **Bulevardi** › S. 62. Kunstgenuss verspricht der **Sinebrychoff-Park** › S. 62, die Chance auf einen Flohmarktfund der **Hietalahti-Marktplatz.** Über den Bulevardi, vorbei am **Alexandertheater** und an der **Alten Kirche** › S. 63, oder durch die **Iso Roobertinkatu** – ideal, um in einem der Cafés einzukehren – bummelt man zur **Erottaja** und zurück zur ****Esplanade.**

Design-Helsinki

– 6 – Kiasma › Ateneum › Design-Museum › Design-Viertel Punavuori

Dauer: 1–2 Tage
Praktische Hinweise: Kunst und Design, finnische Formgebung und Architektur stehen bei dieser Tour im Mittelpunkt und bieten Sehenswertes für zwei Tage. Helsinki Expert (www.helsinkiexpert.fi) hat einen Design Walk (2 Std.) im Programm, ähnliche Angebote Archtours (www.archtours.com). Helsinki Card › S. 58.

Das Museum für zeitgenössische Kunst **Kiasma** › S. 63 und die Nationalgalerie ****Ateneum** › S. 63, die bedeutendsten Kunstmuseen in Helsinki, sind erste Musts und Ausgangspunkt der Tour. Beide liegen in unmittelbarer Nähe des ***Hauptbahnhofs,** der den Stil Ende des 19. Jhs. repräsentiert. Weiter geht es die Keskuskatu südwärts, quer durch die Esplanade und vorbei an großbürgerlichen Fassaden zur Korkeavuorenkatu. Dort präsentiert das **Design-Museum** › S. 62 Aspekte der angewandten Kunst und wechselnde Ausstellungen, das **Architekturmuseum** (Kasarmikatu 24) nebenan die enge Verbindung von Bauen und Design. Nur ein paar Schritte entfernt gibt das **Design Forum Finland** (Erottajankatu 7b) Einblick in jüngste Entwicklungen. Im **Design-District Helsinki** › S. 62, der sich von hier nach Westen im Viertel **Punavuori** erstreckt, lernt man die noch weniger bekannten Künstler und Designer kennen. Zahlreiche kleine Galerien entdeckt man in den Straßen **Uudenmaankatu, Bulevardi** › S. 62 und **Annankatu** – nette Lokale natürlich auch.

2 Helsinki per Tram 3T/3B

– 7 – Marktplatz › Senatsplatz › Hauptbahnhof › Kiasma › Parlamentsgebäude › Nationalmuseum › Finlandia-talo › Felsenkirche › Hietaniemi-Friedhof › Sibelius-Denkmal › Nationaloper › Olympiastadion › Linnanmäki › Kirche von Kallio › Stadttheater › Hauptbahnhof

Dauer: ca. 1 Stunde Fahrtzeit, Gesamtdauer je nachdem, wie lange man für Besichtigungen unterbrechen möchte.

Praktische Hinweise: Die Straßenbahnlinie 3T/3B fährt in einer Schleife in beiden Richtungen alle Highlights ab. Ein Stück zu Fuß, dann ein, zwei Stationen mit der Tram – so erlebt man die Großstadt einmal anders. Tickets an Automaten oder beim Fahrer; eine Fahrt *(kertalippu)* zu 2,70 € gilt 1 Std., die Tageskarte *(päivälippu)* zu 7 € auch auf anderen Strecken. Info: www.hel.fi/hkl.

Schönster Ausgangspunkt ist der ***Marktplatz Kauppatori** › S. 58 am Hafen. Die Tram fährt zunächst zum imposanten *****Senatsplatz** › S. 59 und über die Einkaufsstraße **Aleksanterinkatu** › S. 63 in Richtung ***Hauptbahnhof** › S. 63. Dort befinden sich das ****Ateneum** › S. 63 sowie das **Nationaltheater** › S. 63. Die Linie kreuzt die Mannerheimintie, rechts liegen **Kiasma,** das Museum zeitgenössischer Kunst › S. 63, und das neue **Musikhaus.** Die 3T zieht nun eine Schleife durch den Stadtteil Töölö, wo es sich lohnt, an der ***Felsenkirche** › S. 64 auszusteigen. Auf dem **Hietaniemi-Friedhof,** 500 m westlich direkt am Meer, ruhen der Baumeister Engel, Marschall Mannerheim sowie Opfer des Zweiten Weltkriegs. Schön ist hier ein Spaziergang (ca. 1 km) mit Blick aufs Wasser, Jachten und grüne Inseln nordwärts zum **Sibelius-Park.** Die Attraktion dort ist das von Eila Hiltunen geschaffene abstrakte ***Sibelius-Denkmal** › S. 64.

In Höhe der **Nationaloper** › S. 64, auch sie strahlend weiß am Ufer des Töölönlahti, trifft die 3T wieder auf die Mannerheimintie. Hinter Bäumen taucht das **Olympiastadion** › S. 64 auf, und bald erreicht man den Vergnügungspark **Linnanmäki** › S. 21.

An der Strecke zurück ins Zentrum liegt die **Kirche von Kallio,** ein nationalromantischer Bau mit stattlichem Turm. Teilweise in den Fels getrieben ist Timo Penttiläs **Stadttheater** (1967) am Nordufer des Sees Eläintarhanlahti.

Die Runde kann ein Shoppingbummel abschließen, den Sie bequem vom ***Hauptbahnhof** oder ***Dom** aus unternehmen können.

! Die alte rote **SpåraKOFF-Tram** mit Bierausschank ist eine Alternative zur 3T/3B. Haltestellen u.a. am Bahnhof (Station Mikonkatu) und am Marktplatz; Ende Mai–Aug. stdl. 14–20 Uhr, Fahrtzeit ca. 40 Min., Erw. 8 €,. Kinder 4 €, www.koff.net/sparakoff.

Inneres der Felsenkirche

– 5 –

Zu Fuß durch die Innenstadt
Marktplatz › Esplanade › Kampin Keskus › Sinebrychoff-Park › Esplanade

– 6 –

Design-Helsinki **Kiasma › Ateneum › › Design-Museum › Design-Viertel Punavuori**

– 7 –

Helsinki per Tram 3T/3B **Marktplatz › Senatsplatz › Hauptbahnhof › Kiasma › Parlamentsgebäude › Nationalmuseum › Finlandia-talo › Felsenkirche › Hietaniemi-Friedhof › Sibelius-Denkmal › Nationaloper › Olympiastadion › Linnanmäki › Kirche von Kallio › Stadttheater › Hauptbahnhof**

1 Marktplatz Kauppatori
2 Rathaus
3 Präsidentenpalais
4 Uspenski-Kathedrale
5 Jugendstilapotheke
6 Eol
7 Katajanokka-Kasino
8 Stadthaus der Olofsburg
9 Hotel- und Kongresskomplex Marina
10 Zoll- und Packhaus
11 Senatsplatz
12 Esplanadenpark
13 Statue Havis Amanda
14 Grönqvist-Haus
15 Festsaal des Staatsrates
16 Design-Museum
17 Sinebrychoff-Kunstmuseum/Park
18 Alexanderheater
19 Alte Kirche
20 Kaufhaus Stockmann
21 Bahnhofsplatz
22 Kiasma
23 Nationalmuseum
24 Finlandia talo
25 Nationaloper
26 Felsenkirche

Helsinki/
Helsingfors
0
500m
N
Kirche von Kallio
Porvoo Borgå
Säästöpank.
Hakaniemi
Hagnäs
Hakaniemenranta
Siltavuoren-salmi
Djurgårds-viken
Siltavuorenranta
Kaisaniemenranta
Norrakajen
Sörnäistensatama
Sörnäs hamn
Korkeasaari
Zoo
Tervasaari
Tjärholmen
Botanischer Garten
Kaisaniemi
Kajsaniemi
Liisankatu
Elisabetsgatan
Mariank.
Maneesikatu
Meritull-
Unioninkatu
Snellmanink.
Vironk Estnasg.
National-theater
Vilhon-
Kaisaniemenkatu
Fabianink.
Unionsgatan
Rau-
hankatu
Marieg.
Fredsg.
Kirkkokatu
Kyrkog.
Pohjoisranta
Pohjoissatama
Norra hamnen
(Nordhafen)
21
6
Ateneum
Dom
Hallitusk.
Univer-sität
Regeringsg.
Regierungspalais
Merikasarmin-laituri
7
Börse
11
Alexandersgatan
Laivastokatu
Aleksanterink.
14
2
7
3
4
6
Marin-
gatan
Marine-kaserne
Katu
Luotsikatu
5 6
Pohjoisesplanadi
1
Kanavak.
5
8
KATAJANOKKA
SKATUDDEN
Merisotilaan-tori
Schwed. Theater
12
Esplanaden-park
13
5
Markt
Kauppatori
Matkustaja-Terminal
Merikasarmin-
Eteläesplanadi
15
10
Kruunuvuorenk.
Linnankatu
Katajanokanranta
KAARTIN-KAUPUNKI
Markt-halle
Kanalgatan
Kasarmikatu
Pohj. Makasiinik.
Eteläranta
9
5
Korkeavuorenkatu
Fabiansg.
Makasiini-Terminal
Katajanokka-Terminal
Korkeasaari, Högholmen
6
Deutsche Kirche
6
Högbergs-
16
Laivasillankatu
Eteläsatama
Södra hamnen
(Südhafen)
Kasemgatan
Tähtitornin-vuori
Valkosaari
Blekholmen
Johannis kirche
Observatorium
Olympia-Terminal
Luoto
Klippan
Ryssholmen
Bergmansgatan
Mannerheim-Museum
Itäinen Puistotie
Neitsytp
Fabriksg.
Kapteenk.
Petersg.
Halvvägsholmen
Pietarinkatu
Jungfrust.
Puistokatu
KAIVOPUISTO
BRUNNSPARKEN
Havsgatan
Havsstranden
Ehrenströmintie
Suomenlinna, Sveaborg
Särkkä
Långören
Harakka
Stora Räntan
Tallinn, Sillamäe

Unterwegs in **Helsinki

Rund um den *Marktplatz

Dreh- und Angelpunkt des maritimen Helsinki waren und sind seit Jahrhunderten der **Südhafen** (Eteläsatama) und der ***Marktplatz Kauppatori** **1**, wo vor allem im Sommer das Leben pulsiert. Frühmorgens ist es am schönsten: Kisten mit leuchtend roten Erdbeeren und grasgrünen Erbsen werden gestapelt, kräftiges Dillaroma würzt die Luft.

An den westlichen Kais schwingen die Tore der schönen **Markthalle** (Kauppahalli) aus der Zarenzeit auf, im **Marktcafé** nimmt man auf dem Weg zur Arbeit einen Kaffee; im Kolera-Hafenbecken vertäute kleine Kutter verkaufen fangfrischen Fisch.

Mit der steigenden Sonne füllt sich der Platz um den »Zahnstocher«, so der Spitzname des klassizistischen Obelisken am Markt. In die Nordwestecke zwischen Katariinan- und Sofiankatu fügte Engel 1833 das – ursprünglich als Hotel geplante – klassizistische **Rathaus** **2** ein. Das Wohnhaus eines reichen Kaufmanns wandelte er 1843 zum **Präsidentenpalais** **3** um. Seit der erste Mann im Staat im Mäntyniemi (Stadtteil Meilahti) arbeitet und wohnt, ist es nur mehr zeitweilig Residenz und Amtssitz. Östlich davon liegt, leicht zurückgesetzt, die **Hauptwache** (tgl. Wachablösung, Di und Fr 13 Uhr Wachparade).

Helsinki Card

Sie schließt die Nutzung öffentlicher Verkehrsmittel, den Eintritt zu über 50 Museen, eine Stadtrundfahrt sowie Rabatte für Restaurants ein. Die Karte gilt 24 (38 €), 48 (48 €) oder 72 Std. (58 €); Verkauf online (günstiger), an 50 Stellen wie im Infobüro und in Hotels. www.helsinkicard.fi

Katajanokka

Wegen der armseligen Hütten, die Katajanokka noch im späten 19. Jh. prägten, haftete Helsinki lange der Beiname Bretterbudenhauptstadt an. Das Viertel auf der Halbinsel zwischen Süd- und Nordhafen hat sich jedoch gemacht. Die Renovierung der Bauten aus der Zeit um 1900 brachte den Häuserzeilen ihr Flair zurück. In die roten Speicherhäuser sind Boutiquen und Restaurants eingezogen, das Gefängnis von 1888 bietet heute edles Quartier (Best Western, www.bwkatajanokka.fi).

Am Ufer wacht die gold-rot-blaue orthodoxe ***Uspenski-Kathedrale** **4** von 1868, eindrucksvolles architektonisches Zeugnis früherer Verbindungen zum russischen Reich (Mo–Fr 9.30–16, Sa bis 14, So 12–15 Uhr, Okt.–April Mo geschl.).

Rund um seinen Markt zeigt sich Helsinki geschäftig und maritim

Die Straße des Jugendstils ist **Luotsikatu.** An ihrem Westende entdeckt man links ein prachtvolles Wohnhaus mit ornamentreichen Türen, ein Entwurf des Architektenbüros Gesellius & Partner von 1897. Im Winkel zur Kruunuvuorenkatu (rechts) beherbergt ein Gebäude mit Eulen-, Fuchs- und Eichhörnchendekor eine **Jugendstilapotheke** 5. An der Kreuzung zur Katajanokankatu fesseln links das burgartige Wohnhaus **Eol** 6 (1901, Gesellius & Partner) und am Wasser das **Kasino von Katajanokka** 7, rechts das repräsentative **Stadthaus der Olofsburg** 8 (1903, Gesellius, Lindgren, Saarinen).

Weiter östlich ankert im Nordhafen die Eisbrecherflotte. Stufen führen durch eine kleine Pforte hinab zu Engels **Marinekaserne** (bis 1968 militärisch genutzt).

Die Strandpromenade im Süden lädt ein zu einem Spaziergang zum **Katajanokka-Terminal.** Wie eine Miniaturstadt wirken die ausladenden hohen Backsteingebäude, an deren Kais die Ostseefähren anlegen. Ein ehemaliges Kontorgebäude wandelte sich zum imposanten **Hotel- und Kongresskomplex Marina** 9.

Wenige Schritte westlich beeindruckt das imposante alte **Zoll- und Packhaus** 10 mit verspielten Rundtürmchen. Sein Jugendstilsaal, ein kleines Kunstwerk, ist leider selten zugänglich.

3 ***Senatsplatz 11

Der Senaatintori trägt Carl Ludwig Engels streng klassizistische Handschrift, die architektonische Harmonie macht ihn zu **Helsinkis städtebaulichem Juwel** – und einem der schönsten Plätze der Welt. Über dem Platz thront der

Echt gut!

Grüne Oase im quirligen Zentrum: der Esplanadenpark

Echt gut!

***Dom.** Von den Granitstufen bietet sich **ein wundervoller Blick auf das Platzensemble,** die Ziegeldächer der Stadt und die Zwiebelkuppeln der *Uspenski-Kathedrale › S. 58. Dem von Engel begonnenen Dom fügte ein anderer Preuße, Ernst Lohrmann, vier Nebentürme mit Kuppeln und vergoldeten Kreuzen an, die nicht so recht zum klaren Gesamtbild passen. Blickfang des protestantisch asketischen Inneren sind die Standbilder von Luther, Melanchthon und Mikael Agricola › S. 39.

Im **Regierungspalais** (Valtioneuvosto) an der Ostseite des Platzes arbeitet der Staatsrat. Als Senatssitz 1822 errichtet, zählt es zu Engels Hauptwerken. 1904 erschoss hier der Finne Eugen Schauman den zaristischen Generalgouverneur und Scharfmacher Nikolai Bobrikow. In der Folge des Attentats kam es 1905/06 zur Wiederherstellung der Autonomie, zur Einführung eines Kammerparlaments und des Frauenwahlrechts (erstmals in Europa).

Ionische Säulen zieren gegenüber, an der Westflanke des Senatsplatzes, das **Hauptgebäude der Universität** (Yliopisto). Engel hatte den Bau als Privatresidenz des zaristischen Generalgouverneurs entworfen, doch nachdem im Jahr 1827 ein Großbrand Turkus Universität zerstört hatte, zog die nach Helsinki verlegte Akademie hier ein. Eine herrliche Fassade ersann Engel für die benachbarte **Universitätsbibliothek.**

In der Platzmitte ragt seit 1863 die **Statue Zar Alexanders II.** auf. Der Herrscher führte die finnische Währung *(markka)* ein, erhob Finnisch zur Amtsprache und in seiner majestätischen Haltung – der Dom als Kulisse – ist er heute Helsinkis beliebtestes Fotomotiv. Das **Sederholm-Haus**, Ecke Katariinankatu, gilt als ältester privater

Steinbau (1757) der Stadt. Es wird heute für Ausstellungen des Stadtmuseums genutzt.

**Esplanadenpark 12

Als grüne Ader zieht sich der Park zwischen **Nordesplanade** (Pohjoisesplanadi) und **Südesplanade** (Eteläesplanadi) vom Markt bis zum Schwedischen Theater. Schon früh verlieh Engel der *Espa*, wie die Einheimischen die Flaniermeile nennen, ihre Eleganz. Gelassen hat sie den Wandel der Zeiten überdauert. Hier symbolisiert das **Café-Restaurant Kappeli** › S. 66 mit seiner Freilichtbühne ein Stück wahre Identität der Hauptstädter.

Als 1908 von einem Bronzemädchen auf hohem Brunnensockel die Hüllen glitten, rangen sittenstrenge Helsinkier nach Luft. Heute erregt Ville Vallgrens wohlproportionierte **Havis Amada** 13 am Ostende der Esplanade keinen Anstoß mehr.

Im Eckhaus Pohjoiseplanadi 19 informiert das **Tourismusbüro der Stadt** › S. 64. Eine Querstraße weiter westlich erstreckt sich zwischen Fabianinkatu und Kluuvikatu das von Theodor Höijer entworfene **Grönqvist-Haus** 14. Beim Abschluss der Bauarbeiten 1883 war das prachtvolle Grönqvistin talo Skandinaviens größtes privates Etagenhaus.

Schräg gegenüber beherbergt das älteste Haus der Südesplanade, ein Empirebau mit Balkon, den **Festsaal des Staatsrates** 15 (Valtioneuvoston juhlahuoneisto). Sein Spitzname »Smolka« geht zurück auf das Smolny-Institut in St. Petersburg, das Sitz der Bolschewiken war, und erinnert an Helsinkis Besetzung durch die Roten Garden im Bürgerkrieg 1918 (Saal nicht zugänglich).

Echt gut!

Kaffeehäuser in Helsinki

■ **Strindberg**
Pohjoisesplanadi 33
www.strindberg.fi
Seine große Terrasse mit Blick auf den Esplanadenpark ist ein traditioneller, eleganter Treffpunkt der Hauptstädter (tgl.). Ein edles Ambiente bieten auch Lounge und Restaurant. ●●

■ **Café Kämp & Brasserie**
Pohjoisesplanadi 29
www.palacekamp.fi
Wer gesehen werden will, setzt sich auf die Terrasse des Café Kämp (tgl. bis 24 oder 1 Uhr). ●●●

■ **Café Ursula**
Ehrenströmintie 3][www.ursula.fi
Mit Meerblick und frischer Luft im Park Kaivopuisto (tgl. 9–22 Uhr). ●●

■ **Fazer Café**
Kluuvikatu 3][www.fazer.fi
»Sagen Sie Fazer, wenn Sie etwas Gutes möchten!« So lautete der alte Werbeslogan der Schokoladenfabrik. Und dasselbe gilt immer noch für das Fazer Café (So geschl.) ●–●●

■ **Aschan Café Jugend**
Pohjoisesplanadi 19
www.cafejugend.fi
Benannt nach seinem schönen Jugendstilsaal, ein Café der Kunst (Mo–Fr 8–20, Sa 10–21, So 11–19 Uhr). ●●●

Magnet für Sammler und Souvenirjäger: der Hietalahti-Flohmarkt

Restaurant

An der **Südesplanade 14** besticht das **Restaurant Savoy** › S. 65 mit seinem Echt gut! **zeitlos eleganten Interieur von Aino und Alvar Aalto** sowie einem herrlichen Dachterrassenblick.

Shopping

Auf »Finndesign« haben sich namhafte Geschäfte an der **Nordesplanade** spezialisiert. Sie endet im Westen bei der **Akademischen Buchhandlung** (Akateeminen kirjakauppa, Ecke Keskuskatu), einer der größten Buchhandlungen Europas.

Das hufeisenförmige **Schwedische Theater,** die bedeutendste schwedischsprachige Bühne des Landes, schließt die Espa ab.

Design District

Südlich der Esplanade ziehen sich die Straßen Erottajankatu und Korkeavuorenkatu durch das großbürgerliche Helsinki. Die Wende vom pompösen nationalromantischen Stil und Jugendstil zu den klaren Linien moderner Gestaltung dokumentiert das **Design-Museum** **16** . Es ist in einer ehemaligen Schule von 1894 untergebracht (Korkeavuorenkatu 23, Di 11–20, Mi–So 11–18 Uhr, www.designmuseum.fi).

Die Straßen um den kleinen **Dianapark** (westl. des Museums) formen den sog. **Designdistrikt Helsinki**, wo die kreative Welt der Hauptstadt mit Handwerkern, Künstlern und Designern, kleinen Läden und trendigen Bars bunt zusammenkommt (www.designdistrict.fi). Vor allem im ehemaligen Arbeiterviertel **Punavuori** (»roter Hügel«). Als Topadressen gelten dort **Iso Roobertinkatu** und **Fredrikinkatu.**

Der Allee **Bulevardi** verleihen die aufwendigen Fassaden stattlicher Wohnhäuser Würde. An der Ecke Hietalahdenranta/Bulevardi steht neben dem Backsteinbau der ältesten finnischen **Brauerei Sinebrychoff** das **Kunstmuseum** **17** des Firmengründers.

Shopping

- Als Kontrastprogramm zu Kunst und Brautechnik locken der **Flohmarkt** (tgl. ab 8 Uhr, im Sommer auch abends) und buntes Treiben auf dem Hietalahti-Marktplatz sowie in der betagten **Viktualienhalle.**

■ Am Nordende der **Fredrikinkatu** wartet Helsinkis großes modernes Einkaufsparadies **Kampin Keskus (www.kamppi.fi)** mit sechs Etagen und einladenden Restaurants und Cafés.

Das **Alexanderheater** 18 an der Nordseite des Bulevardi beherbergte bis 1993 die Nationaloper. Heute geben hier internationale Musikstars Gastkonzerte.

Ein kleiner Park umgibt die **Alte Kirche** 19, die 1826 als erster lutherischer Sakralbau der jungen Hauptstadt nach Plänen von Carl Ludwig Engel errichtet wurde.

Aleksanterinkatu in Kluuvi

Mannerheimintie ist Helsinkis große Nord-Süd-Verkehrsachse, Aleksanterinkatu im Viertel Kluuvi, das bis zum Bahnhof reicht, dagegen wichtige Achse in Sachen Shopping. Den Schnittpunkt der beiden markiert die Plastik **Die Drei Schmiede,** die Spuren des Bombenangriffs von 1944 zeigt.

Shopping

■ In Skandinaviens größtes Kaufhaus, **Stockmann** 20, an der Ecke Aleksanterinkatu/Mannerheimintie, lohnt es sich immer, wenigstens einen Blick zu werfen: **Aleksanterinkatu 52, www.stockmann.com.**

■ Dahinter überdacht Glas Finnlands älteste moderne Einkaufspassage **Rautatalo** mit Restaurants und Geschäften rund um einen Marmorinnenhof mit Brunnen. Auch dieser Komplex ist ein Werk von Alvar Aalto (1953).

■ Ein gehoben buntes Sortiment führt das Shoppingzentrum **Kauppakeskus Kluuvi, Aleksanterinkatu 9.**

■ Das Hauptgeschäft von **Nokia** ist in Haus **Nr. 46** zu finden.

Kunst am Bahnhof

Drei markante Bauwerke beherrschen den **Bahnhofsplatz** 21: Das ****Ateneum** ist das bedeutendste Museum finnischer Kunst (Di, Fr 10–18, Mi, Do 10–20, Sa, So 11 bis 17 Uhr; www.ateneum.fi). Vor dem **Nationaltheater** ehrt ein Denkmal den finnischen Nationaldichter Aleksis Kivi. Der ***Hauptbahnhof** (1919) selbst gilt als das wichtigste Werk der Nationalromantik › S. 60. Eliel Saarinens Auftrag umfasste auch die Einrichtung des **Bahnhofsrestaurants.** Bert Brecht fand dort 1940 die Inspiration zu seinem Prosatext »Flüchtlingsgespräche«.

Westlich des Bahnhofs hat die Gegenwartskunst im **Kiasma** 22 mit seiner kühnen Fassade ein baulich eigenwilliges Domizil gefunden (Di, So 10–17, Mi–Fr 10–20.30, Sa 10–18 Uhr. www.kiasma.fi).

Töölö

Am Rand dieses großbürgerlichen Viertels reihen sich an der Mannerheimintie Beispiele für die Architekturentwicklung in Helsinki, darunter das **Parlamentsgebäude** (Eduskuntatalo) und das **Nationalmuseum** 23. Es erläutert Finnlands Vergangenheit von der Früh-

Echt gut!

Outlet-Shopping in Helsinki

■ **Arabiakeskus**
Hämeentie 135a
Endhaltestelle Straßenbahnlinie 6
www.arabia.fi
Ein absolutes Muss in Helsinki für alle Fans finnischen Designs, vor allem bei Glas und Porzellan. Zusätzlich zu Shops, Firmenmuseum und -galerie von Arabia und Iittala findet man hier auch Outlets von Finlayson (Heimtextilien, u.a. Musterkollektionen und 2. Wahl; So geschl.) und Pentik (Geschirr und Haushaltswaren). Mo–Fr 10–19, Sa, So 10–16 Uhr.

■ **Marimekko**
Kirvesmiehenkatu 7
Stadtteil Herttoniemi (Metro)
www.marimekko.fi
Zu vergünstigten Preisen Kleidung, Taschen wie auch Haushaltswaren der bekanntesten finnischen Design-Marke. Mo–Fr 10–18, Sa 10–16 Uhr.

■ **Aarikka**
Nokiantie 2–4 C][Vallila
(Busse 66, 67 ab Hauptbahnhof)
www.aarikka.fi
Schmuck und Geschirr mit lustigen Mustern, ausgefallene Haushaltswaren und Geschenkideen – dafür ist Aarikka bekannt. Mo–Fr 9–17 Uhr.

■ **Kalevala Koru**
Strömbergintie 4
Stadtteil Pitäjänmäki
(Nahzug A, M, L, S)
www.kalevalakoru.fi
Schmuck aus Gold, Silber und Bronze nach historischen Vorlagen wie Grabfunden aus der Eisenzeit, Motive aus dem Mittelalter und aus dem Epos Kalevala. Mo–Fr 9–17 Uhr.

geschichte bis in die Gegenwart. Fresken mit Kalevala-Motiven von A. Gallen-Kallelas empfangen im Foyer dieses nationalromantischen Baus (1902) von Lindgren, Gesellius und Saarinen (Di–So 11–18 Uhr, www.nba.fi).

Vis-á-vis liegt Alvar Aaltos berühmte Konzert- und Kongresshalle ***Finlandia talo** 24 (Führungen, www.finlandiatalo.fi). 1975, im Jahr ihrer Fertigstellung, tagte darin die KSZE-Konferenz.

Nördlich davon säumt der **Hesperia Park** das Westufer des Töölönlahti, und etwas weiter, an der Mannerheimintie, strahlt die **Nationaloper** 25 (1993) – weiß wie die Kongresshalle. Hinter der Oper befindet sich das **Olympiastadion**, wo die Spiele 1952 stattfanden. Panoramablicke eröffnet der 72 m hohe Turm.

Mit der ***Felsenkirche** (Temppeliaukion kirkko) 26 realisierten 1969 Timo und Tuomo Suomalainen ihre Vision einer Rundkirche. Die Innenräume wurden aus einem 12 m über dem Straßenniveau liegenden Felsen gesprengt. Eine Kupferdrahtkuppel überwölbt die roh belassenen Wände.

Wie eine plastische Umsetzung von Musik wirkt Eila Hiltunens abstrakte Stahlkonstruktion des ***Sibelius-Denkmals** im nahen Sibelius-Park.

Info

Städtisches Fremdenverkehrsamt
Pohjoisesplanadi 19
Tel. 09-3101 3300
www.visithelsinki.fi
U.a. Verkauf der Helsinki-Karte › S. 58.

Verkehrsmittel

Für alle öffentlichen Verkehrsmittel in der Innenstadt einschließlich der Nahverkehrszüge bis zur Stadtgrenze gilt die günstige Tages- bzw Mehrtageskarte, erhältlich für 1 bis 7 Tage. Verkauf u. a. bei den Verkehrsbetrieben im Obergeschoss des Bahnhofstunnels.

Hotels

■ **Designhotels** **› S. 28**

■ **Kämp**
Pohjoisesplanadi 29
Tel. 09-576 111
www.hotelkamp.fi
Helsinkis legendäres Tophotel am Esplanadenpark. Seit 1887 wird hier Gastlichkeit auf höchstem Niveau gepflegt. ●●●

■ **Sokos Hotel Helsinki**
Kluuvikatu 8][Tel. 020-123 4601
www.sokoshotels.fi
Hervorragendes, großes Haus direkt im Zentrum. ●●●

■ **AVA Helsinki**
Karstulantie 6][Tel. 09-774 751
www.ava.fi
Modernes, freundliches Ambiente bei sehr günstigen Wochenendpreisen, 3 km vom Zentrum. ●●

■ **Eurohostel**
Linnankatu 9][Tel. 09-622 0470
www.eurohostel.fi
135 Zimmer unterschiedlicher Ausstattung. Nähe Südhafen. ●

Restaurants

■ **Savoy**
Eteläesplanadi 14][Tel. 09-6128 5300
www.ravintolasavoy.fi
Topklasse seit 1930, Inneneinrichtung von Alvar Aalto. Finnische Spezialitätenmenüs, z. B. mit delikatem Renfilet (Sa, So geschl.). ●●●

Kaffeehäuser haben in Helsinki eine lange Tradition

■ **Restaurant Carelia**
Mannerheimintie 56
Tel. 09-2709 0976][www.carelia.info
Eingerichtet in einem Jugendstilgebäude, bietet dieses Restaurant finnische Küche mit dem Flair einer französischen Brasserie (So geschl.). ●●

■ **Gourmetpizzeria Carlito's**
Kluuvikatu 4][Tel. 09-1345 6749
Der Italiener des Palace Kämp hat seinen Namen »Gourmet« verdient. ●●

■ **Baker's**
Mannerheimintie][Tel. 0207-701 440
Bar, Café, Restaurant seit 1915, günstige Tageskarte (So geschl.). ●–●●

■ **Elite**
Eteläinen Hesperiankatu 22 (Töölö)
Tel. 09-6128 5200][www.elite.fi
Im »Elite« trifft sich die Kunstwelt seit 70 Jahren. ●–●●

Echt gut!

Special

Helsinki wartet nicht bis abends

Auf dem Markt am Südhafen schlürft der Minister unbeobachtet seinen Morgenkaffee, während zwischen Waldbeeren- und Kabeljauständen die ersten Touristen auftauchen. Fast nahtlos geht der Hafen in das quirlige Zentrum über, wo sich an schmalen Bürgersteigen Geschäfte und Freiluftrestaurants aneinander reihen. Der Charme ist betagt, doch Helsinkis Szene ist jung. Coole Bars sind längst kein Geheimtipp mehr, Helsinki genießt weltoffen.

After Work

Wer es trendig mag, muss nicht warten, bis das Nachtleben erwacht. In den Bars des alten Arbeiterviertels **Punavuori** › S. 62 trifft man sich gern nach Büroschluss. Und schon nachmittags füllen sich im Sommer die Terrassen des **Kampin Keskus** › S. 63.

Zentral an der Esplanade liegt das **Kappeli,** eines der bekanntesten und ältesten Restaurants Helsinkis. Rundum populär sind Restaurant und Terrasse, Café, Bar sowie die legendäre Freilichtbühne, wo man einfach sitzt und denen zuhört, die gerade auf dem großen Platz Musik machen. Hier gibt es kein Tor, keine Kasse.

Romantisch bei Sonnenuntergang ist die **Ateljee-Bar** des Hotels Torni in Punavuori. Von den Terrassen im 14. Stock blickt man über ganz Helsinki bis zum Meer (selbst von den stillen Örtchen).

■ **Kappeli**
Eteläesplanadi 1
Tel. 010-766 3880][www.kappeli.fi
Tgl. 10–24 Uhr. ●●

■ **Ateljee Bar**
Yrjönkatu 26][Tel. 020-123 4604
Mo–Do 14–1, Fr 14–2, Sa 12–2,
So 14–24 Uhr. ●●

Fit für lange Nächte

Nach einer Einkaufstour durch die Boutiquen im angesagten Design-District tut man gut daran, vor Beginn der Nacht zu schwitzen, im **Hotel Palace** etwa mit Hafenblick! Oder warum nicht mal in einer Bar in die Sauna gehen und dann bei einem Bier am Billiardtisch entspannen? Oder umgekehrt: Ehe an warmen Tagen die Nacht beginnt, in der »Jääbaari«, der Arctic Icebar, abkühlen!

■ Hotel Palace
Eteläranta 10][Tel. 09-1345 6660
www.palacekamp.fi

■ Saunabar
Eerikinkatu 27][Tel. 09-586 5550
Mo 14–21, Di–Fr 14–1, Sa 14–2 Uhr.

■ Arctic Icebar
Yliopistonkatu 5][Tel. 040-545 4666
www.arcticicebar.fi
Mi–Sa 18–2 Uhr, Eintritt 10 €.

Kaurismäki-Gefühl

Schräge Typen wie in den berühmten Kaurismäki-Filmen sind rar geworden, aber nur ein paar Schritte von der Sauna Bar entfernt findet man sie im Kulturkomplex Andorra im **Moskva** bei Wurstbroten – und gewollt einsilbig distanzierter Bedienung. Die nahe **Corona Bar** von Aki und Mika Kaurismäki gehört für jeden Filmfan zum Helsinki-Programm.

Kafe Moskva, Corona Bar & Billiard
Eerikinkatu 11][www.andorra.fi
Tgl. 11/12–2 Uhr. ●–●●

Weltstadtnächte

In Helsinkis Clubs tanzt man bis in die frühen Morgenstunden. Im **Jenny Woo** oder **Tiger** (mit Panoramablick) treffen sich die Jungen und Trendigen. **Kaarle XII,** der Tipp für donnerstags, passt für jede Altersklasse. Sehenswert alleine wegen seines coolen nordischen Look ist der **Club Ahjo** im Designhotel Klaus K.

■ Kuudes Linja
Hämeentie 13][Tel. 045-111 1466
www.kuudeslinja.com
So, Di–Do 21–3, Fr, Sa 22–4 Uhr. ●●

■ Tiger
Urho Kekkosen katu 1a
Tel. 020-775 9350][www.thetiger.fi
Fr–So 22–4 Uhr. ●●

■ Kaarle XII (»Kalle«)
Kasarmikatu 40][Tel. 09-612 9990
www.kaarle.com
Di–Fr 11–18, Mi 11–20, Sa, So 11–17 Uhr. ●

■ Club Ahjo, Hotel Klaus K
Bulevardi 2–4][Tel. 020-770 4711
www.ahjoclub.fi
Mo, Di 16–24, Mi, Do 16–2, Fr, Sa 16–4 Uhr. ●●●

! In Clubs und Discos ist das Mindestalter 18, zum Teil 22 oder sogar 24 Jahre. Jugendliche sollten immer einen Ausweis bei sich haben. Eintrittsgeld ist üblich.

Seefestung Suomenlinna

Ausflüge von Helsinki

***Suomenlinna

Helsinkis beliebtestes Ausflugsziel ist die im 18. Jh. auf vier Inseln südlich der Stadt erbaute Seefestung, eine der weltweit größten dieser Art (UNESCO-Weltkulturerbe). 850 Bewohner leben hier, es gibt einige Einkaufsmöglichkeiten und Restaurants.

Die Anlage mit den einzigartigen Meerespanoramen und dem Blick auf die Stadt ist schon Grund genug für die Bootsfahrt. Aber darüber hinaus unterhalten **sechs Museen** samt dem **U-Boot »Vesikko«**, nette Cafés und ein **Sommertheater.** Das Gelände ist ideal zum Picknicken oder um mit Kindern auf Entdeckungsreise zu gehen. Man kann leicht den ganzen Tag in Suomenlinna verbringen, im Sommer lockt zudem ein **Badestrand.** Für den Inselbesuch empfehlen sich feste Schuhe und winddichte Kleidung.

Suomenlinna (Besucherzentrum Tel. 09-684 1880, www.suomenlinna.fi) ist von Helsinkis Marktplatz mehrmals stündlich mit der Fähre oder dem teureren Wasserbus zu erreichen. Die Helsinki Card › S. 58 gilt für die Überfahrt und einige Museen.

**Villa Hvitträsk

Viele Ideen der modernen Baugestaltung, die in Tapiola › S. 72 und Otaniemi umgesetzt wurden, gehen auf die Architekten Eliel Saarinen, Armas Lindgren und Herman Gesellius zurück. Ihre frühen nationalromantischen Visionen spiegelt exemplarisch die im Jahr 1902 aus heimischem Granit und Kiefernholz erbaute Villa Hvitträsk in **Kirkkonummi** wider (Abfahrt von der E3 Ring III; 30 km von Helsinki entfernt).

Die Architekten schufen mit ihrem gemeinsamen Wohn- und Atelierkomplex eine »Finlandia der Architektur«. Baugestaltung und Innendekor vereinen Elemente karelischer Bauernhäuser, mittelalterlicher Burgkultur und des Jugendstils zu einer harmonischen, eigenwilligen Komposition. Doch das Dekor hatte sich unterzuordnen und gab damit der Funktionalität Raum.

Heute ist die Villa **Museum** (Mai–Sept. tgl. 11–17 Uhr, sonst Mi–So, www.nba.fi/fi/hvittrask) und Freizeit- und Konferenzzentrum mit **Restaurant und Café in Jugendstilambiente.**

Typisch für einen Finnlandurlaub: das Blockhaus am Wasser

Südfinnland

Nicht verpassen!

- Die entzückende Altstadt von Porvoo zu Fuß erkunden
- Einen Blick in das Staatshotel in Imatra werfen und die gewaltige Kraft der großen Stromschnellen spüren
- Skischanzen und Skimuseum in Lahti besuchen – dort wo die Weltmeister zu Hause sind
- Den Kindern einen lustigen Tag im Freizeitpark Särkänniemi gönnen und anschließend die Aussicht vom Turm Näsinneula genießen

Zur Orientierung

»Typisch finnisch«, denkt man bei der Fahrt von Helsinki nach Porvoo, weit und breit Idylle: kleine Orte mit roten und gelben Holzhäusern, malerische Landstraßen durch Wald und Wiesen. Porvoos Altstadt halten auch die Finnen für eine der schönsten im Land. Weiter im Südosten, im Kymijoki-Tal und in Südkarelien, spürt man bereits östliche Einflüsse – und hört, dass überraschend viel Russisch gesprochen wird. Besuche in Imatra an den Stromschnellen und in Lappeenranta am großen Saimaa-See bleiben unvergesslich. Beliebte Ziele für Städtereisen sind Tampere, Lahti und Hämeenlinna – zudem gut erreichbar mit öffentlichen Verkehrsmitteln. Im Süden ist ihr Netz noch relativ dicht, weiter nach Norden oder Osten werden die Abstände immer größer.

8 Südküste und Kymijoki-Tal Helsinki › Porvoo › Kotka › Hamina › Imatra › Lappeenranta › Kouvola › Helsinki

Touren in Südfinnland

Südküste und Kymijoki-Tal

8 Helsinki › Porvoo › Kotka › Hamina › Imatra › Lappeenranta › Kouvola › Helsinki

Dauer: 4–5 Tage (ca. 540 km)
Praktische Hinweise: Das Auto bietet auf dieser Tour die größte Flexibilität.

Nur 50 km entfernt von Helsinki liegt die Kleinstadt ****Porvoo** › S. 73 mit malerischen Winkeln in der ***Altstadt.** Weitere Stopps lohnen in dem alten Kurort **Loviisa** › S. 75 und an den **Sandstränden von Pyhtää** › S. 75. Den Tag beschließen Sie in **Kotka** › S. 75, der bekanntesten Seemannsstadt Finnlands. Nach einem Besuch in **Hamina** › S. 75 führt Sie die Tour am zweiten Tag – streckenweise nur wenige Kilometer von der Grenze zu Russland entfernt – nach ***Imatra** › S. 77. Lassen Sie sich hier Zeit, um die **Stromschnellen** und das **Staatshotel** im Jugendstil zu sehen. Tags darauf geht es nach **Lappeenranta** › S. 76, wo der **Saimaa-Kanal** zu einer Tour lockt, und am letzten Tag mit Ausflügen bei **Kouvola** › S. 78 zurück nach Helsinki.

9 Stadt, Land, Fluss und mehr
Tampere › Iittala › Hämeenlinna › Lahti › Tampere

Stadt, Land, Fluss und mehr

9 Tampere › Iittala › Hämeenlinna › Lahti › Tampere

Dauer: 3 Tage (ca. 275 km)
Praktische Hinweise: Die Tour eignet sich v. a. für Reisende, die nach Tampere fliegen. Wer in Helsinki ankommt, kann am Flughafen in den Bus einsteigen und die Tour in Hämeenlinna beginnen. Zwischen den Städten gibt es gute Bus- und Bahnverbindungen. Busfahrpläne finden Sie unter www.matkahuolto.fi, Auskunft über Züge unter www.vr.fi.

Glas made in Iittala

****Tampere** › S. 78 als Ausgangspunkt der Tour bietet jede Menge Spaß – insbesondere für Familien: Der Freizeitpark ****Särkänniemi** unterhält Kinder jeden Alters, und in den vielen Museen, z.B. im **Museumsviertel** ****Amurin työläismuseokortteli** und im einmaligen **Lenin-Museum,** vergeht die Zeit wie im Flug.

Südostlich von Tampere ist das Glaszentrum ****Iittala** › S. 80 unbedingt einen Zwischenstopp wert, ehe man **Hämeenlinna** › S. 81 ansteuert. Hier füllen die Burg ***Häme**, das **Gefängnismuseum** und der Park ***Aulanko** das Programm für einen Tag. Als Übernachtungsort mag **Lahti** › S. 82 am folgenden Tag nicht überwältigen, doch viele begeistern die **Sprungschanzen,** kennt sie doch jeder aus dem Fernsehen. Wer noch nicht genug von Sport hat, kann im **Skimuseum** der Leidenschaft der Finnen nachspüren. Falls Zeit übrig ist, könnte man ab Tampere einen Abstecher nach **Nokia** › S. 80 einplanen.

Unterwegs in Südfinnland

Vantaa 1

Finnlands viertgrößte Stadt (Vanda; ca. 200 000 Einw.) bildet mit Espoo (› rechts) und der Landeshauptstadt den Großraum Helsinki, in dem fast jeder fünfte Finne wohnt. Ein Besuch in der Satellitenstadt lohnt sich allein wegen des herausragenden **Wissenschaftszentrums *Heureka** › S. 22. Dort werden auf unterhaltsame Weise für Jung und Alt naturwissenschaftliche Themen interaktiv dargestellt.

Espoo 2

Espoo (Esbo; 243 000 Einw.) liegt an der Schärenküste in einem der ältesten Siedlungsgebiete des Landes. Es wird auch Finnland im Miniaturformat genannt – Nokia hat hier seine Konzernzentrale und der Nationalpark **Nuuksio** › S. 112 liegt vor den Toren der Stadt. 1951 entstand nach Plänen berühmter Architekten die ***Gartenstadt Tapiola:** ein in nordisches Grün gebetteter Wohnbezirk für 30 000 Menschen aller Schichten.

Aus einer früheren Druckerei in Tapiola, deren Architektur schon in den 1960ern Aufsehen erregte, wurde der große **WeeGee-Kulturkomplex** mit fünf Museen, darunter ***EMMA,** Finnlands größtes Museum für moderne Kunst (Di, Do, Fr 11–18, Mi 11–20, Sa, So 11–17 Uhr; www.weegee.fi, www.emma.museum./en).

Das ***Gallen-Kallela Museum,** früher Heim und Atelier dieses Künstlers › S. 41, bewahrt die Atmosphäre am Ende des 19. Jhs., als sich Finnlands Kunst neu orientierte (am Stadtrand, Gallen-Kallelantie 27, Mitte Mai–Aug tgl. 11–18, sonst Di–So bis 16/17 Uhr).

Info

Espoo Convention & Marketing
Keskustorni][Tel. 09-8164 7230
www.visitespoo.fi

Hotels

■ **Sokos Hotel Vantaa** › S. 47
Großes modernes Hotel, bekannt für Tanz und Unterhaltung. ●●

■ **Hanasaari**
Hanasaarenranta 5][Tel. 09-435 020
www.hanaholmen.fi
Skandinavisch modern wohnen auf einer grünen Landzunge. ●●●

■ **Kuninkaantie**
Lakelankatu 1][Tel. 09-859 191
www.sodexo.fi/kuninkaantie
Inmitten eines Parks, moderne und freundlich gestaltete Anlage. ●●

Restaurants

■ **Haikaranpesä (Wasserturm)**
Hauenkallio 3][Tel. 09-452 4254
Feine Seafood-Gerichte mit 360-Grad-Panorama. ●●●

Einst eine Druckerei: Espoos neuer Kulturkomplex WeeGee

■ **Haukilahden Paviljonki**
Mellstenintie 12
Tel. 010-841 9190
Wunderbar maritimes Ambiente im Stil eines Jachtklubs; viel Fisch und Meeresfrüchte. Nur tagsüber geöffnet. ●●

**Porvoo 3

Seit 1346 genießt das charmante Porvoo (Borgå; 48 400 Einw.) Stadtrechte. Die Reihe der roten ***Speicherbauten** am Porvoonjoki lässt die Atmosphäre des frühen Handelsplatzes erahnen. Zu seinem Schutz entstand um 1200 die Festung **Linnenmäki,** die eine weite Rundsicht erlaubt. Von der alten Brücke blickt man in die **malerische *Altstadt mit ihren Holzhäusern.** Der **Dom** erlangte 1809 nationale Bedeutung, als dort Zar Alexander I. gelobte, die Rechte der Finnen zu achten.

Echt gut!

In der Wahlheimat vieler Künstler erinnert das **Runeberg-Haus** an den Nationaldichter Johan Ludvig Runeberg › S. 74, der hier 25 Jahre lang wohnte.

Porvoos buntes Stadtensemble

Info

Tourist Information
Läntinen Aleksanterinkatu 1
Tel. 040-489 9801
http://tourism.porvoo.fi

Hotel

Sparre
Piispankatu 34][Tel. 019-584 455
www.avainhotellit.fi/sparre.htm
Kleines, komfortables Haus in schöner Lage zwischen Markt und Altstadt. ●●

Restaurants

Wanha Laamanni
Vuorikatu 17][Tel. 020/-528 355
In Domnähe, schmuckes Restaurant für finnische Spezialitäten in einem alten Holzhaus mit Kamin. ●●

Echt gu

Café Helmi
Välikatu 7][Tel. 019-524 5165
Kaiserlicher Kaffeegenuss mit punschgetränkten Runeberg-Törtchen. ●

Vårt Land

Am 5. Februar ist Runeberg-Tag, einer von 15 offiziellen Flaggentagen, an denen nicht nur Patrioten ihre blau-weiße Fahne hissen. Für die Schulkinder heißt es, sich wieder einmal mit dem Text der Nationalhymne abzuplagen, welche nicht kriegerische Heldentaten, sondern die finnische Natur verherrlicht. Und Cafés und Geschäfte bieten Runeberg-Törtchen: 5 cm hohe Rührkuchen im Miniformat, ein Häubchen Creme mit Marmelade obenauf. Zur Erinnerung an einen Mann, der gern als Nationaldichter zitiert wird: **Johan Ludvig Runeberg** (1804–1877). Er war eine der Persönlichkeiten, die der Verlegung der Universität von Turku nach Helsinki 1827 nicht tatenlos zusehen wollten und eine Gelehrtenrunde gründeten, die »Samstagsgesellschaft«. Als ihr Repräsentant leitete Runeberg die Wende vom Schwedischen, der Sprache der gehobenen Schichten, zum Finnischen des einfachen Volkes in der Literatur ein, obgleich er selbst nicht finnisch schrieb. Hatten anfangs die Motive schwedischer Lyrik seine Gedichte geprägt, so zeigen seine späteren Werke Einflüsse der finnischen Volksdichtung. Sein Ruf als Nationaldichter gründet sich auf die patriotischen Balladen über den Krieg von 1808/09 – Fähnrich Ståhls Erzählungen –, beginnend mit dem Lied »Vårt Land« (Unser Land), das zur Nationalhymne wurde.

Loviisa 4

Bei dem 1745 als Handelsstadt gegründeten Loviisa (7400 Einw.) verlief 1743–1809 die Grenze zwischen Finnland (damals schwedisch) und Russland. Danach wurde sie ostwärts an den Kymijoki verschoben. Das 1805 neu angelegte Zentrum – die Stadt war ein bekannter Kurort – macht Laune, gelassen herumzuspazieren. Im Sommer pendeln Boote zur Bucht __Loviisanlahti,__ wo die sehenswerten Reste der Festung *__Svartholma__ liegen. Richtung Kotka verlocken die Sandstrände von __Pyhtää__ zu einem Halt.

Kotka 5

In der Hafenstadt (55 000 Einw.) ist das 2008 eröffnete *__Meeresmuseum Vellamo__ – eine grandiose Welle in Glas und Stahl – allein architektonisch eine Sensation. Hinzu kommen erstklassige Ausstellungen zu maritimen Themen; von 1908 stammt der Eisbrecher »Tarmo« (Di, Do–So 11 bis 18, Mi 11–20 Uhr, www.merikeskusvellamo.fi). Das faszinierende __Maretarium__ stellt in 20 Aquarien die Meereswelt vor (Sapokankatu 2, tgl. 10–17, Sommer bis 20 Uhr).

Das Bombardement einer britischen Flotte im Krimkrieg, das Stadt und Festungswerke zerstörte, hat die orthodoxe __Nikolauskirche__ (1795) verschont. An Europas größte Seeschlacht (1790) erinnert ein Gedenkstein auf der Insel __Varissaari__ (Boote Mai–Aug.; Restaurant »Fort Elisabeth«, ●●).

Im Sommer lockt die Überfahrt auf die Insel __Kaunissaari__ mit einem hübschen Fischerdorf und dem Infozentrum des Meeresnationalparks. Erholung bietet der Park *__Langinkoski__ (5 km nördl.) mit Stromschnellen am Kymijoki und der __Fischerhütte Zar Alexanders III.__ (1889; Mai–Aug. tgl. ab 10, Sept., Okt. Sa, So 10–16 Uhr).

Im Juli steigen in Finnlands größtem Exporthafen die __Seetage__ mit einem sehr atmosphärischen __Seemannsliederfestival.__

Info

__City Tourist Office__
__Keskuskatu 6][Tel. 05-234 4424__
__www.kotka.fi__

Hotel

__Sokos Hotel Seurahuone__
__Keskuskatu 21][Tel. 010-782 1000__
__www.sokoshotels.fi/en/__
Modernes Hotel, doch eher traditionell gestaltet. ●●

Hamina 6

Die große Attraktion der Stadt (21 600 Einw.) an der Königsstraße nach St. Petersburg ist der rondellförmige **__Stadtkern:__ ein achteckiger Marktplatz, von dem acht Straßen ausstrahlen. In seiner Mitte steht das __Rathaus__ (1789, 1840 von C. L. Engel erneuert). Als Hamina 1721 durch den Frieden von Uusikaupunki an die russische Grenze rückte, zog Schweden hier als Ersatz für Vyborg ein Bollwerk auf. Bis 1812 bauten es die Russen aus, doch unter Beschuss kam es nie.

Restaurants

■ **Haminan Varuskuntakerho**
Kadettikoulunkatu 3
Tel. 05-353 9353
Finnisch schlemmen in prächtigen Räumen einer alten Kadettenschule. ●●

■ **Konditoria Huovila**
Fredrikinkatu 1
Preisgekrönt: der köstliche Geleekuchen.

Lappeenranta 7

1649 erteilte die schwedische Königin Kristina Lappeenranta (70 200 Einw.) Stadtrechte, 1741 wurde es mit Ausnahme der Festungswälle völlig zerstört und dem russischen Reich angegliedert.

Der im Industrievorort Lauritsala beginnende **Saimaa Kanal** verbindet seit 1856 auf 43 km die Seenplatte mit dem Finnischen Meerbusen. Lappeenranta ist daher Startpunkt für Touren auf dem Saimaa-Kanal und der Seenplatte (Saimaa Travel, www.saimaatravel.fi/eng). Zugleich ist es das wichtigste Tor nach Russland mit Grenzübergängen für Straßen- und Schienenverkehr.

Die Kuriere der Könige

Es begann vor 700 Jahren: Die schwedischen Könige hatten mit den Burgen von Turku und Vyborg (1293) ihre östlichen Territorien gesichert. Doch nun galt es, einen Kurierweg einzurichten, um im ausgedehnten Reich die Botschaften übermitteln zu können. Der Seeweg entlang der zerklüfteten Schärenküste war mühsam und gefährlich. Die Kuriere ritten von Dorf zu Dorf, von Kirche zu Kirche. Dort fanden sie immer Quartier.

Könige und Adlige bevorzugten den Komfort der Schiffe, auch Gustav I. Wasa, der 1555 von Stockholm nach Vyborg segelte. Da ihm die zugefrorene Ostsee den gewohnten Rückweg versperrte, musste er sich auf den beschwerlichen Landweg machen. Sechs Wochen war er unterwegs! Nach seiner Rückkehr erging königliche Order, an der Strecke *kestikievarit* (Gasthäuser) und *krouvit* (Kneipen) einzurichten, und zwar für die königlichen Boten und Soldaten; die Bevölkerung hatte keinen Zutritt. Einige der Lokalitäten geben heute als Museen ein Bild des frühen Reisens, so »Trömperi Kestikievari« in Halikko bei Salo.

In den ständigen Kriegen mit Russland leisteten die Wege bald gute Dienste für Aufmarsch und Nachschub. Doch in den Wäldern und Felslandschaften lauerten Räuberbanden. So gibt es bei Turku den »Suuri Ryövärinvaha«, den Großen Räuberstein, über dessen Gefährlichkeit auch ein Brief Gustavs I. Wasa 1530 zu berichten weiß. Einige hundert Meter weiter erinnert der »Piispanristi«-Stein an die Ermordung eines Bischofs. Die damaligen Gerichtstagebücher sind voll von Berichten über Überfälle auf Marktbesucher und Händler.

Große historische Bedeutung kam der Königsstraße 1809 zu, als Zar Alexander I. von Petersburg zum Landtag nach Porvoo reiste und dort seiner finnischen Provinz die Autonomie zusprach. 1812 war Turku sein Ziel, um mit dem schwedischen Kronprinzen Karl Johan einen Unionsvertrag auszuhandeln.

Das **Rathaus** geht auf einen Entwurf Carl Ludwig Engels zurück. In der Kauppakatu entdeckt man die **Holzkirche von Lappee** (1792), im Festungsviertel Linnoitus Finnlands älteste **orthodoxe Kirche** (1785) und in Lauritsala die tempelartige Kirche **»Licht des Himmels«.**

Eines der ältesten Holzhäuser der Stadt war das Zuhause der reichen russischen Familie **Wolkoff** für vier Generationen. Edel eingerichtet, fungiert es seit 1993 als **Museum** (Kauppakatu 26, Juni bis Aug. Mo–Fr 10–18, Sa, So 11–17, Winter Sa, So 11–17 Uhr).

Info

Tourist Office
Valtakatu 37][Tel. 05-667 788
www.gosaimaa.fi

Unterkünfte

■ **Marjola**
Mikonsaarentie 15
Tel. 05-452 4160
www.marjola.com
Ferien- und Konferenzhotel direkt am Saimaa-See; Zimmer von einfach bis zu komfortablem Landhausstil. ●–●●

■ **Finnhostel Lappeenranta**
Kuusimäenkatu 18
Tel. 05-451 5555
www.huhtiniemi.com
Hostel und Camping 2 km vom Zentrum – schöne Lage, schlicht eingerichtet, kleiner Pool und Sauna; Café. ●

Restaurant

Wolkoff
Kauppakatu 26][Tel. 05-415 0320
Europäisch-russische Gaumenfreuden in edler Umgebung. ●–●●

Lappeenranta: am schönsten in der Kutsche kennenzulernen

*Imatra 8

Die 1948 am Vuoksi gegründete Stadt (29 000 Einw.) erreicht man durch dichte Wälder entlang der Grenze (Übergang Svetogorsk). Ihren Aufstieg zu einem Zentrum der Großindustrie verdankt sie dem Kraftwerk an den **Stromschnellen Imatrankoski.** Wenn im Sommer die gestauten Wassermassen frei gelassen werden, stürzen sie ca. 20 Min. lang in ungezügelter Schönheit hinab (Ende Juni–Mitte Aug. tgl. 18 Uhr; Kraftwerk 11–17 Uhr). Beiderseits des Flusses erstreckt sich der Park **Kruununpuisto** (mit Aussichtspavillon). Den Blick auf das Spektakel haben auch einige Gäste des historischen **Staatshotels Imatran Valtionhotelli** (› unten). in einem Schlösschen. **Dessen Interieur ist schönster Jugendstil.** Echt gut!

Hotel

Imatran Valtionhotelli
Torkkelinkatu 2][Tel. 05-625 2000
www.rantasipi.fi

Der Dom zu Tampere ist gerade erst 100 Jahre alt

Opulente Ausstattung, teils Jugendstil, teils hypermodern im neuen Teil mit großzügigem Spa. ●●●

Restaurant

Buttenhoff
Koskenparras 4][Tel. 05-476 1433
www.buttenhoff.fi
Gepflegtes Restaurant mit russisch-karelischer Küche. So geschl. ●●

Anjalankoski 9 in Kouvola

Aus Anjalankoski wurde mit Jahresbeginn 2009 **Kouvola,** als sich unter diesem Namen einige Orte zu einer Großgemeinde mit jetzt 90 000 Einw. zusammenschlossen. An den **Stromschnellen des Kymijoki** reizen hier Wildwasserfahrten und sehenswerte Gutshöfe lohnen einen Besuch, z. B. das **Herrenhaus Anjala,** heute ein Museum (18. Jh.; Mitte Mai–Mitte Aug. 11–17 Uhr). Im eigentlichen Kouvola haben Familien Spaß im Vergnügungspark **Tykkimäki** › S. 21. 30 km nordwestlich gehört die imposante **Kartonfabrik von Verla** zum UNESCO-Weltkulturerbe. Wald und Wasser waren das Kapital der Papiermühlen (Mitte Mai–Sept. Di–So 9.30–17 Uhr, www.verla.fi/de). Nahebei sind **Felszeichnungen** aus der Zeit um 7000 v. Chr. zu sehen.

**Tampere 10

Tammerfors (215 000 Einw.), wie die Stadt schwedisch heißt, entstand um 1800 an einer Landenge zwischen den Seen Näsijärvi und Pyhäjärvi. Mitten im Zentrum bietet die Stromschnelle **Tammerkoski** Möglichkeiten zum Lachsangeln (ca. 4,50 €/Tag). Einen Rundgang sollte man auf der **Hämeenkatu** beginnen, die über die **Hämeensilta-Brücke** ins Zentrum führt.

Im Sommer sind die Parks zu beiden Uferseiten beliebte Treffpunkte mit Blick auf die noch als Wasserkraftwerke genutzten alten Fabriken und den Hafen am Marktplatz **Laukontori.**

Shopping

Abwechslung bieten Abstecher zur umgebauten Ziegelfabrik **Kehräsaari** mit Boutiquen und Werkstätten östlich des Laukontori, in das Kunstgewerbezentrum **Verkaranta** am Fluss **(Verkatehtaankatu 2)** und in die ehrwürdige **Markthalle** in der **Hämeenkatu.**

Vielen Interessen kommt die Palette der Museen entgegen: **Lenin-Museum** (Hämeenpuisto 28), das beliebte **Mumintal-Museum** (Hämeenpuisto 20, › S. 22) sowie das **Finlayson Centre,** hervorgegangen aus einer von einem Schotten 1820 gegründeten Baumwollspinnerei. Hier findet man u.a. das **Spionmuseum** (Satakunnankatu 18) sowie das **Arbeitermuseum Werstas** (Väinö Linnan aukio 8).

Viel Zeit sollte man ****Amurin työläismuseokortteli** widmen, dessen Gebäude 1880–1900 entstanden. Schwerpunkt des Museumsquartiers ist die Darstellung der Wohnverhältnisse der Arbeiter zwischen 1910 und 1970 (Makasiinikatu 12, Mitte Mai–Mitte Sept. Di–So 10–18 Uhr).

Im großen **Freizeitpark **Särkänniemi** kann man den Blick vom 168 m hohen Aussichtsturm **Näsinneula,** Finnlands höchstem Bauwerk, genießen oder im Drehrestaurant speisen. Zeitgenössische Kunst im **Sara-Hildén-Museum,** das Aquarium-Planetarium, ein Streichelzoo, ein Delfinarium und rasante Fahrgeschäfte runden das Angebot des Parks ab (Öffnungszeiten je nach Jahreszeit, www.sarkanniemi.fi).

In der **Domkirche** (Tuomiokirkko) aus blaugrauem Granit, einem bemerkenswerten Werk der Nationalromantik, fesseln M. Enckells Mosaikfenster und Hugo Simbergs 40 m langes Fresko durch nüchterne Symbolik.

Die ***Kaleva-Kirche** (1960) des Architekten Reima Pietilä beein-

Echt gut!

Was Sie unbedingt kosten sollten

- Von der Mitternachtsonne verwöhnt sind die leckeren **Moltebeeren,** die wie gelbe Brombeeren aussehen. Als Likör oder Marmelade besonders empfehlenswert.
- Fisch ist in Finnland immer frisch. **Lachs und Regenbogenforelle** gehören zu den beliebtesten Fischarten. Auch **Renke** – übrigens gar nicht schwierig zu fangen – ist ein Genuss.
- Im Osten müssen Sie **karelische Piroggen** *(karjalanpiirakat)* und in der Provinz Savo *kalakukko* probieren. Piroggen sind flache Pasteten aus Roggenmehl, gefüllt mit Reis oder Kartoffelpüree und mit Eierbutter serviert. Für *kalakukko* wird ein dicker Schwarzbrotlaib mit einer Füllung aus Fisch und Fleisch gebacken.
- Gourmetqualität hat **Renfleisch.** Köstlich schmeckt es als Geschnetzeltes in Sahnesoße *(poronkäristys),* geräuchert oder luftgetrocknet und hauchdünn geschnitten.

druckt mit ihrem 30 m hohen Schiff. Die neuzeitliche Architektur repräsentieren **Tampere talo** (1990), die funktional-futuristische Kongress- und Konzerthalle von Esa Piiroinen und Sakari Aartelo, sowie die ****Bibliothek** (1986). Nach den Architekten Raili und Reima Pietilä symbolisiert die Kuppel das Weltall.

Info

Go Tampere
Rautatienkatu 25A (am Bahnhof)
Tel. 03-5656 6800
www.gotampere.fi

Hotels

■ **Sokos Hotel Ilves**
Hatanpään valtatie 1
Tel. 020-123 4631
www.sokoshotels.fi
Modernes Stadthotel direkt an der Stromschnelle; sechs Restaurants. ●●●

■ **Kauppi**
Kalevan puistotie 2
Tel. 03-253 5353
www.hotelli-kauppi.fi
Ruhig und sehr familienfreundlich ausgestattet, z. B. Mikrowelle in jedem Zimmer. ●●

■ **Kesähotelli Härmälä**
Nuolialantie 50][Tel. 020-719 97 77
www.suomicamping.fi
4 km von Tampere entfernt, zweckmäßiges Sommerhotel und Campingplatz am See Pyhäjärvi, nur Juni–Aug. ●

Restaurants

■ **Aino ja Ilmari**
Tammelan puistokatu 27
Tel. 03-253 2630
Feine finnische Küche in einen ehemaligen Kraftwerk von 1920. ●●–●●●

■ **Restaurant Astor**
Aleksis Kiven katu 26
Tel. 010-321 1600
www.ravintola-astor.fi
Gepflegt-locker, internationale Küche mit edler Weinliste. Auch Pianobar. ●●

■ **Bistro Venla**
Kauppakatu 6][Tel. 03-212 5505
Nettes Café mit kleinen Speisen, v. a. leckere Salate. So geschl. ●–●●

Nokia 11

Echte Attraktionen fehlen der Kleinstadt. Dennoch zieht es viele dorthin, wo Finnlands Firmenriese **Nokia** der Aufstieg in die technologische Weltspitze gelang – 1865 gegründet als Papierfabrik, später auch Hersteller von Gummistiefeln und -reifen! Die Fabrik steht noch am Nokia-Fluss, und die unabhängige Firma Nokian Tyres produziert Gummiartikel vor Ort (gute Busverbindungen von Tampere, Fahrzeit 30 Min.).

Hotel

Spa-Hotel Rantasipi Eden
Paratiisikatu 2][Nokia
Tel. 03-280 1111][www.rantasipi.fi
Kinderfreundliches Spa-Hotel am See, oft mit Familienangeboten. ●●–●●●

4 **Iittala 12 und Umgebung

Im Glaszentrum sind die Anfänge der Glasbläserei sehr schön dokumentiert. Hier wirkten namhafte Designer, deren Werke im **Museum** (Mai–Aug. 10–18 Uhr, sonst Sa, So 10–17 Uhr) zu besichtigen sind. Ein lohnendes Ziel ist Iittala auch für Schnäppchenjäger, denn der Glasverkauf ab Fabrik bietet Preisvorteile (besonders günstige Waren zweiter Wahl). Auf Wunsch kann man sogar sein eigenes Unikat anblasen (Iittala Glass Centre, tgl. Mai–Aug. 10–20 Uhr, sonst 10–18 Uhr, www.iittala.com).

Naivistit Iittalassa ist das Ereignis des Sommers, eine farbenfrohe Ausstellung naiver Kunst (Hollaajantie 2, Juni–Aug. 10 bis 19 Uhr, www.naivistitiittalassa.fi).

Auf der Landesstraße 3, einige Kilometer nördlich von Iittala, überspannt eine pittoreske **Hängebrücke** die Enge des Sees Vanajavesi. Noch vor der Brücke (Abfahrt Toijala), in **Sääksmäki,** gibt das **Atelier Visavuori** von Emil Wikström (1864–1942) Einblick in die Arbeit des wichtigsten Bildhauers der finnischen Nationalromantik (www.visavuori.com).

Restaurant

Sääksmäen Silta
Hämeenlinnantie 28
Tel. 03-588 1092
Essen und Kaffee in idyllischer Lage, mit Badestrand (tgl. 10.30–20 Uhr). ●

Hämeenlinna 13

Der Ort (66 300 Einw.) verdankt seinen Namen der Trutzburg ***Häme.** Deutsche haben an ihrem Bau im 13. Jh. mitgewirkt (Juni–Mitte Aug. tgl. 11–18, sonst Di–Fr 10–16, Sa, So 11–16 Uhr). Neben der Burg entstand in den Verliesen ein düsteres **Gefängnismuseum.**

Blick vom Aussichtsturm des Aulanko-Parks in Hämeenlinna

Seen und Wälder haben den hier geborenen Komponisten **Jean Sibelius** inspiriert. Sein **Geburtshaus** ist heute ein Museum (Hallituskatu 11, Mai–Aug. tgl. 10–16, Sept.–April tgl. 12–16 Uhr).

Hugo Standertskjöld, ein skurriler, alter und reicher Oberst, ließ Ende des 18. Jhs. außerhalb der Stadt **den romantischen Park *Aulanko mit Teichen, Pavillons und Liebeslauben** anlegen. Mitten drin stehen ein Aussichtsturm und ein Hotel, das die Schiffe der »Silberlinie« anlaufen. Es ist eine einzigartige Erfahrung, auf dem Wasser nach Tampere zu fahren (www.hopealinja.fi).

Echt gut!

Eine Besonderheit sind die volksnahen gotischen Fresken (14. Jh.) der Heilig-Kreuz-Kirche von **Hattula,** 10 km nördl. von Hämeenlinna.

Info

Hämenlinna Tourist Information
Keinusaarentie 6
Tel. 03-621 3373
www.visithameenlinna.fi/en

Hotels

■ **Vaakuna**
Possentie 7][Tel. 020-123 4636
www.sokoshotels.fi
Elegantes hochkarätiges Hotel mit gutem Restaurant im Schatten der alten Burg am See Vanajavesi. ●●●

■ **Aulangon Lomakylä**
Aulangon–Heikkiläntie 168
(6 km außerhalb)][Tel. 03-675 9772
www.aulangonlomakyla.fi
Ferienhäuser, Jugendherberge und Camping am Aulanko-See. ●●

Restaurant

Piparkakkutalo
Kirkkorinne 2][Tel. 03-648 040
Das »Pfefferkuchenhaus« serviert in edel eingerichteten Räumen regionale Spezialitäten. So geschl. ●●

Lahti 14

Die Stadt (100 500 Einw.) verdankt ihre Bekanntheit dem Endmoränenrücken **Salpausselkä,** Schauplatz viel beachteter nordischer Skiwettkämpfe (berühmter Finlandia-Volksskilauf im Februar › S. 44). Die fünf Sprungschanzen dominieren das Stadtbild. Ein Lift trägt Besucher in die Höhen der Skispringer.

Lahtis rasanter Entwicklungsschub setzte nach dem Zweiten Weltkrieg ein, als umgesiedelte Karelier die Einwohnerzahl binnen 20 Jahren verdoppelten. So führt ein Stadtbummel vorbei an Bauten des 20. Jhs. wie Eliel Saarinens **Stadthaus** (1912) und Alvar

Wasser und Glas

Elemente der heimischen Natur finden Ausdruck im finnischen Design, Wasser am sichtbarsten in der Glaskunst. Craquelégläser haben das Eis zum Thema, die buchtenreiche Seenlandschaft regte Alvar Aalto zu seiner berühmten Vasenkreation an, die 1937 auf der Weltausstellung in Paris preisgekrönt wurde. Das Aalto-Unikat steht im Werkmuseum der größten Glasfabrik Finnlands, in Iittala.

Die Wiege finnischer Glasbläserei ist tatsächlich Schweden. 1641 erhielt ein gewisser Melchior Jung als erster schwedischer Bürger das Recht, eine Glasfabrik zu gründen, sein Sohn Gustav Johan Jung errichtete 40 Jahre später in Uusikaupunki die erste Manufaktur auf finnischem Boden. Rohstoffe wie Quarzsand, Soda und Kalk waren nie bestimmend für den Standort, einzig die Wälder für das Holz zum Feuern der Öfen. Den jahrhundertlangen Glasboom überlebten nur wenige Standorte. Von den ältesten Fabriken wird noch in Urjala, Iittala und Riihimäki Glas produziert.

Vom Designerglas kann heute kein Großbetrieb leben. Zu 80 % wird selbst in der Designhochburg Iittala Gebrauchsglas produziert, davon zu mehr als 50 % für den Export. Seitdem auf der Pariser Weltausstellung im Jahr 1900 erstmals »finnische Formgebung« als Teil einer eigenständigen Kultur präsentiert wurde, stand die Funktionalität der Produkte im Vordergrund, auch mit dem weiterführenden Gedanken industrieller Fertigung. Dies hat dem Glas nichts von seiner Schönheit genommen.

Aaltos **Kirche des Kreuzes** (1978). Nicht auslassen sollte man das **Hafengebiet** mit den Terrassen am Seeufer. Interessant sind das **Skimuseum,** das **Sportzentrum** sowie der Herrenhof Pyhäniemi in **Hollola** nordwestlich der Stadt. Dort steht auch die zweitgrößte der 75 mittelalterlichen Grausteinkirchen Finnlands.

Allen, die genug Zeit haben und Lust auf eine **landschaftlich atemberaubende Schiffsreise über den Päijänne-See** verspüren, sei die Fahrt zwischen Jyväskylä › S. 110 und Lahti empfohlen (einmal pro Woche) oder ein Tagesausflug nach **Heinola** (www.paijanne-risteilythilden.fi)

Info

Lahti Travel
Rautatienk. 22][Tel. 020-728 1750
www.lahdenseutu.net/en

Hotels

Cumulus Lahti
Kauppakatu 10][Tel. 03-813 711
www.cumulus.fi
Modern, familienfreundlich und sehr zentral gelegen. ●●

Ferienzentrum Mukkula
Ritaniemenkatu 10
Tel. 03-753 5380
www.mukkulacamping.fi
Sommerhotel und Campingplatz auf weitläufigem Seeufergelände, auch Holzhütten, Sauna, Bootsverleih. ●●

Jokelan Kartano
Pihlajamäentie 23][Hämeenkoski
Tel. 03-751 4120
www.jokelankartano.fi
Charmantes altes Haus (nur 14 Betten) mit heimeliger Atmosphäre. ●●

Im Glasmuseum von Riihimäki

Restaurants

Teivaan Lokki
Jalkarannantie 19][Tel. 03-781 0220
Hell und freundlich modern; Terrasse direkt am See; köstliche Büffets, Grill- und Weinabende. ●●

Casseli
Borupinraitti 4][Tel. 010-422 5950
Schickes maritimes Designambiente. Günstiges Mittagsbüffett mit üppigen Portionen. So geschl. ●

Riihimäki 15

In Riihimäki (28 600 Einw.) zeigt das ***Glasmuseum** mit wechselnden Ausstellungen Geschichte, Formenreichtum und Vielfalt der Glaskunst (Tehtaankatu 23, März bis Dez. Di–So 10–18 Uhr, www.suomenlasimuseo.fi). Außerdem kann man Künstlern und Handwerkern im 500 m entfernten Glashüttenviertel über die Schulter schauen.

Westküste und Åland

Nicht verpassen!

- In Turku nach einem Spaziergang am Aurajoki-Ufer in einem Restaurantschiff einkehren
- Durch die idyllische und farbenfrohe Altstadt von Rauma schlendern
- Die Sonne an Yyteris langen Sandstränden bei Pori genießen
- Ålands einzigartige Natur auf einer Fahrradtour hautnah erleben

Zur Orientierung

Wenn man die weiten Waldgebiete von Tampere aus zur Westküste hin durchquert, warnen Schilder vor Elchwechsel. Die Landschaft bietet kaum Orientierung, ein See scheint wie der nächste. In den Buchten wogt Schilf, auf gläsernem Wasserspiegel treiben Inseln. Man möchte eintauchen und schwimmen im blaugrundigen Irrgarten oder sich einem nostalgischen Raddampfer anvertrauen, dessen Schaufeln die labyrinthische Wasserwelt durchpflügen.

An der Küste angekommen erlebt man ein anderes Finnland. Für die Einheimischen ist die Ostsee ein Schicksalsmeer, dessen Wellen Siedler, Christentum und abendländische Kultur herantrugen. Ochsenblutrote Häuser sprenkeln die Landschaft, erinnern an Schweden ebenso wie die Provinzstädte mit ihren gepflegten Holzhausvierteln, schmalen Gässchen und Blumengärten.

Auf Åland führen die Straßen durch eine Natur, die auf einigen Inseln noch so unberührt scheint wie vor 10 000 Jahren, als die Landhebung begann und die heute 6500 großen und kleinen Eilande allmählich aus der Tiefe des Meeres auftauchten. Hier ist Inselhüpfen angesagt – und das Fahrrad das ideale Fortbewegungsmittel. Wer in den Tag hinein radelt, kann das Gefühl von Freiheit voll ausschöpfen. Hat man die auf einer schmalen Landzunge gelegene Inselhauptstadt Mariehamn hinter sich gelassen, ist man allein mit sich, den Buchen und Birken, den grünen Wiesen, bunten Kühen und den roten Häusern mit Masten im Garten, an denen die Åland-Flagge flattert: ein rot-gelbes Kreuz auf blauem Grund.

Labyrinth der Inseln und Kanäle – der Schärengarten der Westküste

Touren in der Region

Westküstenbogen

(10) Turku › Naantali › Rauma › Pori › Kristiinankaupunki › Vaasa › Huittinen › Turku

Dauer: 4–5 Tage (ca. 720 km)
Praktische Hinweise: Die Autotour führt durch die schönsten Städte der finnischen Westküste. Wer Zeit hat, findet Sehenswertes für eine Woche.

****Turku** › S. 89 als Ausgangsort bietet viele historische Sehenswürdigkeiten wie die ****Burg** und den ****Dom.** Im nahen **Naantali** › S. 94, der zweiten Station, ist die ***Muminwelt** › S. 22 für Familien ein Muss. Die Fahrt geht weiter nach ***Rauma** › S. 94, dessen faszinierende *****Altstadt** zu den Stätten des UNESCO-Welterbes gehört. Die Jazz-Stadt **Pori** › S. 96

Westküste
0
50 km
Oulu
Kokkola
Karleby
Larsmo
Pietarsaari
Jakobstad
Uusikaarlepyy
Nykarleby
Kaustinen
Umeå
Björkö
Raippaluoto
Vaasa
Vasa
Lappajärvi
Lapua
Lappo
Kyyjärvi
Karstula
Pihtipudas
Haapamäki
Kymönkoski
Viitasaari
N.P. Pyhä-Häkki
Saarijärvi
Äänekoski
Laihia
Laihela
Ilmajoki
Seinäjoki
Alavus
Ähtäri
Multia
Jyväskylä
Vaajakoski
Muurame
Kurikka
Peräseinäjoki
Keuruu
Hämeenselkä
Kauhajoki
Kaskinen
Kaskö
Kristiinankaupunki
Kristinestad
Virrat
Virdois
Mänttä
N.P. Helvetinjärvi
N.P. Lauhanvuoren
N.P. Kauhaneva-Pohjankankaan
Parkano
Ruovesi
N.P. Seitseminen
Näsijärvi
Orivesi
Päijänne
Ikaalinen
Ikalis
Hämeenkyrö
Tavastkyro
Tampere
Tammerfors
Reposaari
Yyteri
Pori
Björneborg
Kokemäenjoki
Valkeakoski
Sääksmäki
Vanajavesi
Hattula
Hollola
Vammala
Urjala
Iittala
Hämeenlinna
Tavastehus
N.P. Puurijärvi Isosuo
Huittinen
Vittis
Rauma
Raumo
Humppila
Riihimäki
Pyhäjärvi
Loimaa
Hyvinkää
Hyvinge
Järvenpää
Uusikaupunki
Nystad
Nurmijärvi
Vihti
Vichtis
Vantaa
Vanda
Turku
Åbo
Paimio
Pemar
Halikko
Askainen
Naantali
Salo
Lohja
Lojo
Espoo
Esbo
HELSINKI
HELSINGFORS
Parainen
Pargas
Perniö
Bjärnå
Karjaa
Ahvenanmaa
Åland
Kemiö
Kimito
Ekenäs
Tammisaari
Maarianhamina
Mariehamn
Hanko
Hangö
Stockholm
Travemünde
Tallinn

begeistert mit wunderschönen **Sandstränden** bei den Dünen von ***Yyteri.** Das historische **Kristiinankaupunki** › S. 97 und die Universitätstadt **Vaasa** › S. 97 mit den Inseln ***Mustasaari** und **Raippaluoto** bieten auch naturnahe Erlebnisse.

Von **Huittinen** › S. 98 aus kann man im **Nationalpark Puurijärvi-Isosuo** wunderbar eine Wanderung unternehmen, bevor man zurück nach Turku fährt.

Musikantenpfad

(11) Tampere › Orivesi › Kaustinen › Kokkola › Pietarsaari › Uusikaarlepyy › Seinäjoki › Tampere

Dauer: 3–4 Tage (ca. 700 km)
Praktische Hinweise: Die Autofahrt mit Übernachtungen in Tampere, Kokkola und Seinäjoki lässt sich gut mit einem Schiffsausflug auflockern.

Die Rundreise durch die westlichsten Ausläufer der Seenplatte und weiter zum mittleren Österbotten weckt das Bewusstsein für die Weitläufigkeit des Landes – und macht mit allen Gesichtern der finnischen Landschaft bekannt: Meeresbuchten und Seenketten, Wildmark und dichten Wäldern. Zusätzlichen Reiz verleihen diesem beschaulichen Gebiet die Unterhaltungsmöglichkeiten für Erwachsene und Kinder, beginnend gleich in ****Tampere** › S. 78. Von dort geht es über **Orivesi** › S. 98 durch weitläufige Wald- und Wasserlandschaften in Richtung des Volksmusikzentrums **Kaustinen** › S. 98. In **Kokkola** › S. 98 ist das ****Holzhausviertel** sehenswert. Über die »Straße der sieben Brücken« und die Insel **Larsmo** erreicht man die maritime Nachbarstadt ***Pietarsaari** › S. 99. Eine weitere typisch schwedisch-finnische Küstenstadt, **Uusikaarlepyy** › S. 99, liegt am Weg zum Tango-Mekka **Seinäjoki** › S. 100, der letzten Station vor ****Tampere.**

Von Turku nach Mariehamn

(12) Turku › Mariehamn

Dauer: 5 Tage
Praktische Hinweise: Von Turku nach Mariehamn bestehen täglich mehrere Fährverbindungen: Auto- oder Fahrradtransport ist problemlos. Aktuelle Informationen zu Fahrplänen etc.: www.tallinksilja.com, www.vikingline.fi.

Diese Tour ist ideal für Reisende, die Stadt und Natur im Urlaub verbinden möchten. Die ersten

(10) **Westküstenbogen** Turku › Naantali › Rauma › Pori › Kristiinankaupunki › Vaasa › Huittinen › Turku

(11) **Musikantenpfad** Tampere › Orivesi › Kaustinen › Kokkola › Pietarsaari › Uusikaarlepyy › Seinäjoki › Tampere

(12) **Von Turku nach Mariehamn** Turku › Mariehamn

beiden Tage in ****Turku** › S. 89 füllen die Besichtigung von ****Burg, **Dom** und abends eine Kneipentour durch die originelle Pubszene › S. 92. Das **Forum Marinum** bereitet auf ****Ålands** Inselwelten › S. 101 vor.

Am dritten Tag geht es mit der Fähre nach **Mariehamn** › S. 101, wo man das ****Seefahrtmuseum** und den ****Viermaster »Pommern«** auf keinen Fall verpassen sollte. Von Mariehamn aus kann man je nach Lust und Laune die Nachbarinseln besuchen – ein Fahrradausflug bietet sich an, da die Entfernungen kurz und die Landschaften gefällig sind. Am fünften Tag nimmt man die Fähre zurück nach ****Turku.**

Inselhopping auf Åland

—⑬— Mariehamn › Lemland › Lumparland › Föglö › Kökar › Sund › Saltvik › Geta › Hammarland › Eckerö › Jomala › Mariehamn

Dauer: 5–6 Tage; Karte › 104
Praktische Hinweise: Die Tour auf der Hauptinsel lässt sich wahlweise durch eine Schleife zu den Inseln Föglö und Kökar verlängern. Exakt ist die Streckenlänge nicht zu berechnen (ca. 110 bzw. 200 Fahrradkilometer), denn die Reise geht ebenso viele Kilometer über Land wie über das Meer. Man kann sein Fahrrad mitbringen, eines ab 50 € pro Woche mieten (z. B. bei Ro-No Rent, Mariehamn, Tel. 018-128 20, www.visitaland.com/de/rono, am Fährterminal) oder auch Fahrradpakete mit festem Tourenplan buchen (Eckerö Linjen Incoming, Torggatan 2, Mariehamn, Tel. 018-280 00, www.eckerolinjen.fi/en). Den Fährenplan sollte man stets dabei haben. Ein Bett findet sich meist ohne Buchung in Hütten, gemütlichen Gasthäusern oder einem der freundlichen, blitzsauberen Privatquartiere.

Die Tour startet von **Mariehamn** › S. 101 Richtung **Lemland** und **Lumparland** › S. 102 durch eine heitere, bunte Landschaft. Von Lumparland setzt man über zur Fischerinsel **Föglö** › S. 103 und erkundet das fast baumlose **Kökar** › S. 103. Von dort geht es weiter nach **Sund** › S. 103, um die Ruinen der Festung ***Bomarsund** und das restaurierte ****Schloss Kastelholm** zu besuchen.

Über **Saltvik** › S. 103 radelt man nach **Geta** › S. 104, wo der **Getabergen** zwar nur 107 m hoch ist, aber erstaunlich steile Felsen hat. Die Fahrradfähre bringt einen als nächstes nach **Hammarland** › S. 104 und **Eckerö** › S. 104, in die westlichste Gemeinde Finnlands. Auf dem Rückweg nach Mariehamn empfiehlt sich ein Abstecher nach **Finström** › S. 105 und ein Zwischenstopp in **Jomala** › S. 105, wo **St. Olaf,** eine der ältesten Kirchen in Skandinavien steht und das Museum die Kunstszene der Gegend vorstellt.

Unterwegs an der Westküste

5 **Turku 1

Bis der Zar es zu nahe an Schweden glaubte und Helsinki zur finnischen Hauptstadt erhob, spielte Turku (schwed. Åbo) diese Rolle würdevoll über 500 Jahre hinweg. Heute legt Europas Kulturhauptstadt von 2011 ihren Schwerpunkt auf Technologie, Forschung und Lehre. Nirgends im Land ist der Studentenanteil höher als unter den 178 000 Einwohnern Turkus.

Das Bild der alten Metropole mit dem neuen Gesicht prägt der **Aurajoki,** an dessen Mündung Passagierhafen und Burg liegen. Im 12. Jh. waren den schwedischen Eroberern Kaufleute gefolgt, die bald an der Küste Handel trieben. 1229, als Papst Gregor IX. den Bischofssitz hierher verlegte, gilt als Gründungsjahr.

Zum maritimen Flair der Stadt tragen die Schärengärten bei, durch die Wasserbusse und der alte Dampfer »SS Ukkopekka« (www.ukkopekka.fi) kreuzen.

**Burg A

In Sichtweise des Fährhafens erhebt sich die Burg, deren Geschichte bis auf das Jahr 1280 zurückgeht. Aus dem befestigten Lager des königlich-schwedischen Statthalters und seiner Soldaten entstand im Laufe der Zeit eine massive Feldsteinburg, im 16. Jh. ein stattliches Schloss (Di–So 10 bis 18/20 Uhr, www.turunlinna.fi).

*Forum Marinum B

Die Rolle der Seefahrt für Turku dokumentiert das hervorragende Forum Marinum, u. a. durch die Museumsschiffe am Aurajoki. Der **Dreimaster »Suomen Joutsen«** (Finnischer Schwan) diente in den 1930ern als Schulschiff der Kriegsmarine, 1960–1989 als Seefahrtschule der Handelsmarine. Daneben liegen das **Minenschiff »Keihässalmi«** und die **Dreimastbark »Sigyn«,** 1887 in Göteborg in Dienst gestellt. (Mai–Sept. tgl. 11–19, sonst Di–So 11–18 Uhr, Schiffe nur Juni–Aug. zugänglich; www.forum-marinum.fi).

Die stolze Dreimastbark »Sigyn«

Das östliche Aurajoki-Ufer

Zwischen Forum Marinum und Zentrum pendelt von Juni bis Mitte August die **Pikkuföri** (Fähre, 2,50 €). Sie hält auch nahe dem Museumspark, wo das **Wäino-Aaltonen-Museum** Ⓒ Werke des Bildhauers und Malers Aaltonen (1894–1966) sowie zeitgenössische Kunst zeigt (I. Rantakatu 38, Di bis So 10–18 Uhr; www.wam.fi).

Finnlands Fauna und Flora widmet sich das **Biologische Museum** Ⓓ (Neitsytp. 1). Vorbei am Denkmal für den erfolgreichsten Läufer aller Zeiten, Paavo Nurmi, gelangt man zum ***Handwerkermuseum Luostarinmäki** Ⓔ, in dem 30 Werkstätten altes Handwerk vorstellen (Di–So 10–16/18 Uhr). 1827 verwüstete ein Brand die Stadt bis auf das höher gelegene Viertel Luostarinmäki.

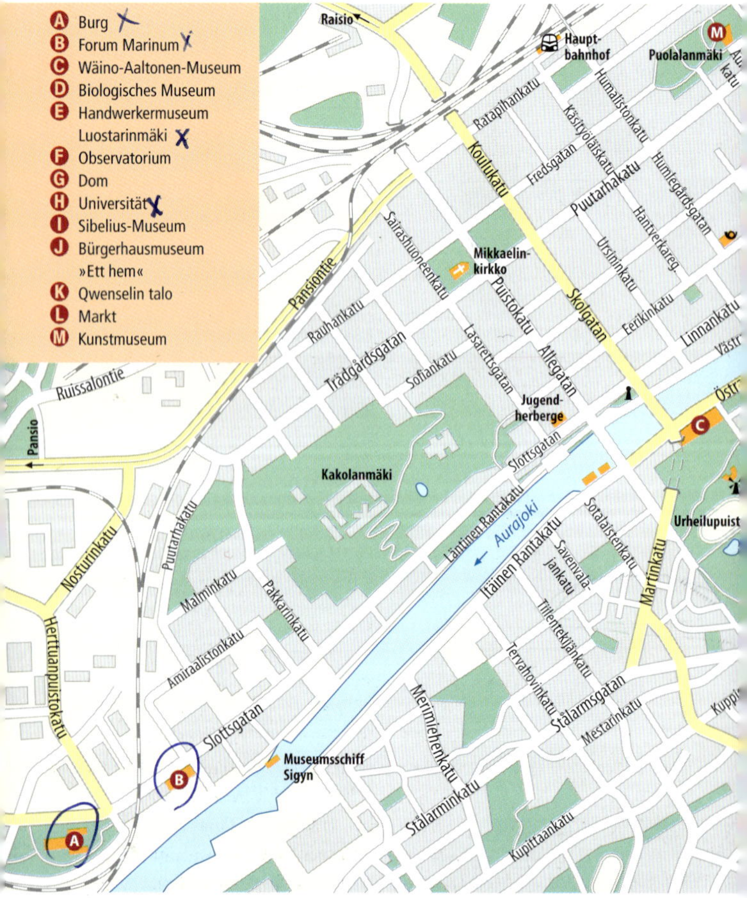

Karte Seite 90

Das neue Turku entwarf C. L. Engel. Den Hügel Vartiovuori krönte er 1819 mit dem seinerzeit hochmodernen **Observatorium** F.

Rund um den **Dom G

Aus einer Holzkapelle (13. Jh.) entstand der bedeutendste mittelalterliche Kirchenbau des Landes, nachdem Turku Sitz des Bistums Finnland geworden war. Eingeweiht um 1300, erlebte der **Dom** wiederholt Veränderungen, doch überwiegt der spätromanische Eindruck. Unweit des Doms liegt die **Universität** H. Ihre Gründung hatte die schwedische Königin Kristina 1640 angeregt. Ebenfalls in Domnähe findet man das **Sibelius-Museum** I (Piispankatu 17, Di–So 11–16, Mi auch 18–20 Uhr) und das **Bürgerhausmuseum »Ett hem«** J mit Interieurs einer Konsulenfamilie vom Ende des 19. Jhs. (Piispankatu 14, Mai–Sept. Di–So 12–15 Uhr).

Marktplatz und westliches Ufer

Das **Qwenselin talo** K blieb beim Großbrand 1827 von dem Flammen verschont. Heute empfängt in dem Wohnhaus eines Kaufmanns (18. Jh.) das **Apothekermuseum** (Di–So 10–16/18 Uhr).

Ein Bummel über den **Markt** L (Mo–Sa, Sommer auch abends) und durch die alte **Markthalle** gehört zu einem Tag in Turku, heißt doch das slawische Wort *turku* Marktplatz. Genießen Sie feine Erdbeeren, einen Kaffee in einem Marktcafé, den Blick auf das **Schwedische Theater** und die **griechisch-orthodoxe Kirche.**

An die im Mittelalter bedeutenden Hanse-Kaufleute erinnert das **Geschäftszentrums Hansa** an der Westseite des Platzes. Von 1310 bis 1471 lenkten 13 deutsche Bürgermeister Turkus Geschicke.

Freunde der bildenden Kunst sollten das **Kunstmuseum** M auf dem Hügel Puolalanmäki nicht auslassen (Aurakatu 26; Di–Fr 11–19, Sa–So 11–17 Uhr).

Echt gut!

Originelle Pubs in Turku

Wer in Turku ein Alibi für seine abendlichen Aktivitäten braucht, hat es leicht – ganz ohne zu lügen. »Ich muss noch zur Apotheke«, »Ich gehe kurz zur Bank«, »Ich war doch den ganzen Tag in der Schule« – alles Namen von Pubs und Restaurants.

Brauereirestaurant Koulu

Eerikinkatu 18][Tel. 02-274 5757
www.panimoravintolakoulu.fi
Das gemütliche Koulu (»Schule«) unweit des Marktplatzes wurde nach seiner Lage in einem alten Schulgebäude benannt. Hauseigene Biere heißen *Maisteri, Lehtori* und *Ope* – Magister, Lektor und Lehrer. Im Sommer mit schönem Biergarten. So–Do 11–2, Fr, Sa 11–3 Uhr.

Old Bank

Aurakatu 3][Tel. 02-274 5700
Statt Bankgeschäften ist nun die Bierkultur angesagt. 150 Sorten können Sie ausprobieren, auch die Whiskyauswahl ist repräsentativ. So–Mo 12–24, Di–Do 12–2, Fr, Sa 12–3 Uhr.

Pub Uusi Apteekki

Kaskenkatu 1][Tel. 02-250 2595
In der »Neuen Apotheke« ist die schöne Apothekeneinrichtung altertümlich, die Heilmittel aber sind prickelnd frisch in flüssiger Form verfügbar. Tgl. 10–2 Uhr.

Bar Toimisto

Kaskenkatu 3][Tel. 044-589 8846
Nur wenige Schritte von Apteekki befindet sich die Bar Toimisto – »Ich bin immer noch im Büro«, kann man bei einem Anruf von dort mit gutem Gewissen auch um zehn Uhr abends behaupten. So–Di 11–24/2, Mi–Sa 11–2 Uhr.

Info

Turku Touring

Aurakatu 4][Tel. 02-262 7444
www.turkutouring.fi
Hier Verkauf der **Turku-Card** (2013 1 Tag 21 €, 2 Tage 28 €, Familien 1 Tag 45 €). Sie bietet freie Fahrt in Stadtbussen, freien Eintritt in vielen Museen, kostenlose Stadtführungen, Rabatte in Restaurants und Läden. **Tageskarten** für Stadtbusse 5,50 € (2013).

Hotels

Parkhotel

Rauhankatu 1][Tel. 02-273 2555
www.parkhotelturku.fi
Jugendstilvilla von 1902 – ein wahres Kleinod; 21 Zimmer. ●●●

Echt gut

Radisson Blu Marina Palace

Linnankatu 32][Tel. 020-123 4710
www.radissonblu.com/hotel-turku
Stilvolles Hotel zentrumsnah am Ufer des Aurajoki; eigener Biergarten. ●●●

Holiday Club Caribia

Kongressikuja 1][Tel. 02-123 4602
www.sokoshotels.fi
Familienfreundliches Spa-Hotel mit Themenbad im karibischen Stil. ●●●

Centro

Yliopistonk. 12 A][Tel. 02-211 8100
www.centrohotel.com
Boutiquehotel (garni) nahe dem Markt, aber ruhig; schlichtes, smartes Interieur in sanften Farben. ●●

Artukaisten Paviljonki

Messukentänkatu 11
Tel. 02-284 400
www.artukaistenpaviljonki.fi
Angenehmes Privathotel im Gebäude eines einstigen Privatflugplatzes. ●●

Hesehotelli

Läntinen Pitkäkatu 1
Tel. 045-634 3443
www2.hesburger.fi/hesehotelli

Die für ihre Hamburger bekannte Firma präsentiert ein Haus im coolen Stil für ein junges Publikum. ●

Restaurants

- **Brahen Kellari Restaurant & Bar**
Puolalankatu 1][Tel. 02-232 5400
www.brahenkellari.fi
Gehaltvolle finnische Küche in Turkus ältestem Kellerlokal. So geschl. ●●●

- **Pippurimylly**
Stålarminkatu 2][Tel. 02-277 3360
www.pippurimylly.fi
Alteingesessenes Restaurant auf zwei Etagen, geschmackvoll und freundlich; die Spezialität ist Pfeffersteak. ●●

- **Cindyn Salonki**
Itäinen Rantakatu (Aurajoki-Ostufer)
Tel. 010-231 0180][www.cindy.fi
Fischspezialitäten und internationale Gerichte auf einem Flussdampfer. ●●

- **Oscarin Olohuone ja Keittiö**
Hotel Hamburger Börs
Kauppiaskatu 6][Tel. 010-764 3170
www.hamburgerbors.fi/oscari
In-Treff der Stadt mit hanseatischer Küchentradition. So geschl. ●●

*Ekenäs 2

Das idyllische Ekenäs (finn. Tammisaari) ist ein Kleinod am Schärengarten. Machen Sie unbedingt eine Schiffsfahrt im maritimen Naturschutzgebiet. Ein Bummel durch den ältesten Ortsteil und zur **Feldsteinkirche** (1680) entführt in die Vergangenheit. Erholsam sind die Strände sowie Wanderungen zu den Ruinen der Burg **Raasepori** und im Naturpark **Ramsholmen,** bekannt für den jahrhundertealten Baumbestand mit Eichen und Nussbäumen.

Restaurant

Café Gamla Stan
Bastugatan 5][Tel. 019-241 5656
Charmantes Gartencafé in einladendem Holzhaus im alten Ortskern. ●●

Hanko 3

Der Naturhafen von Hanko (Hangö; 9600 Einw., www.hanko.fi) an Finnlands Südwestspitze war bereits im 13. Jh. geschätzt. Den besten Blick über die meerumschlungene Stadt mit ihrem Jachthafen bietet der Wasserturm auf dem **Vartiovuori** (Lift, Mitte Mai–Mitte Aug. tgl. 12–16 Uhr).

Hotel

Hotel Villa Maija
Appelgrenintie 7][Tel. 050-505 2013
www.villamaija.fi
33 helle, gemütliche Zimmer in drei Holzvillen im Grünen. ●●–●●●

Restaurant

Origo
Satamakatu 7][Tel. 019-248 5023
Sommerrestaurant im Osthafen mit viel gelobten Fischgerichten. ●●

Burg Raasepori bei Ekenäs

*Parainen 4

Bei Parainen (Pargas), einst bedeutend für seine Kalksteinbrüche, bietet die Hängebrücke über den Kirjalansalmi-Sund einen herrlichen Blick auf den Schärenhof von Turku. Echt gut! Eine **lohnende Rundfahrt durch die atemberaubende Inselwelt** bietet die **Schären-Ringstraße**, wo Fährpassagen und Brücken mit traumhaften Ausblicken die Autofahrt bereichern. Für diese Tour fährt man ab Parainen nach Nagu (Nauvo), Korpo/Galtby, setzt über auf die Inseln Houtskär, Iniö und Kustavi, um von dort wieder das Festland zu erreichen (www.saaristo.org, www.saaristonrengastie.fi).

Hotel

Hotel Kalkstrand
Rantatie 1][Tel. 02-511 6200
www.strandbo.fi/en
Familienfreundliches Haus mit großzügigen Zimmern, ehrwürdigem Speisesaal und vielfältiger Küche. ●●

Naantali 5

Die um ein Kloster aus dem 15. Jh. entstandene Kleinstadt (Nådendal; 19 000 Einw.) lebt im Sommer auf, wenn der finnische Präsident seinen Sommersitz **Kultaranta** (Gartenführungen) und die weniger wichtigen Leute ihre Sommerwohnungen im quirligen Altstadtkern beziehen.

Für die Kinder ist Naantali aus einem ganz anderen Grund interessant: Hier lockt die fröhliche ***Muminwelt** › S. 22.

Info

Naantali Tourist Service
Kaivotori 2][Tel. 02-435 9800
www.naantalinmatkailu.fi

Hotels

- **Naantali Spa & Resort Hotel**
Matkailijantie 2][Tel. 02-445 50
www.naantalispa.fi
Elegantes Wellnesshotel, das auch Aktivitäten für Kinder anbietet. ●●●
- **Hotel Amandis**
Nunnakatu 5][Tel. 02-430 8774
www.hotelamandis.com
Nettes Holzhaus mit Terrasse direkt am Jachthafen. Liebevoll eingerichtete Apartments. ●●

Restaurant

Ravintola Trappi
Nunnakatu 3][Tel. 02-435 2477
Behagliche maritime Atmosphäre. Die Adresse für Fischspezialitäten wie gebratenen Hering. ●

6 *Rauma 6

Sein von der UNESCO zum Weltkulturerbe erklärtes, charmantes *****Holzhausviertel** machte Rauma (Raumo; 40 000 Einw.) bekannt. Das maritime Flair ebenso wie das lebhafte Treiben verlocken dazu, Mußestunden hier zu verbringen. Das **Alte Rathaus** (1776) am Marktplatz zeigt Exponate zu Seefahrt und Spitzenklöppelei. An die Tradition dieses Kunsthandwerks erinnert alljährlich die **Spitzenklöpplerwoche** Ende Juni. In der Kuninkaankatu 9 serviert das **Kontio Café,** Raumas ältestes Outdoor-Café, Pfefferkuchen mit Kaffee (●).

Info

Rauma Tourist Information
Valtakatu 2][Tel. 02-834 3512
www.visitrauma.fi

Hotels

■ **Best Western Hotel Kalliohovi**
Kalliokatu 25][Tel. 02-838 81
www.kalliohovi.fi
Ruhiges Stadthotel im Zentrum. Musik und Partys in der Bar Hovi. ●●●

■ **City Hovi**
Nortamonk. 18][Tel. 02-8376 9200
www.cityhovi.com
Ein Tipp für Familien, zentrale Lage, gutes Preis-Leistungs-Verhältnis. ●●

Restaurant

■ **Wanhan Rauman Kellari**
Anundilankatu 8][Tel. 02-866 6700
Gemütliches Lokal mit Terrasse in Alt-Rauma. Herzhafte finnische Küche. ●●

Im Holzhausviertel von Rauma

Wohnen in Holz

In Finnlands drittältester Stadt ***Rauma** (Stadtrechte seit 1442) begegnet man jahrhundertealter Stadtplanung, denn Grundstücksaufteilung und Straßennetz im größten zusammenhängenden *****Holzhausviertel** Skandinaviens (30 ha) entstammen dem Mittelalter. Die meist ockergelben oder roten Häuser, etwa 600 an der Zahl, sind erst 200–300 Jahre alt, da der Brand von 1682 den Ort in Schutt und Asche gelegt hatte. Jedes Haus, so sagt man in Rauma, ist ein Einzelwesen, schon die Farbe sollte es von den übrigen unterscheiden. Stolz verkündet an einer Ecke das Haus seinen Namen auf einem ovalen Schild.
Ob ein- oder mehrstöckig, die Finanzen der Familie entschieden über die Etagenzahl. Ein gutes Beispiel für die gehobenen Ansprüche der Bürgerhäuser ist das ***Haus Marela** (heute Museum; Kauppakatu 24). Drinnen wirkt nicht nur der Kachelofen vertraut: Die Wand- und Deckenpaneele sowie die Spiegeltüren hätten auch Lübecker Kaufmannshäusern gut zu Gesicht gestanden.
Das Streichen der Blockhäuser fand erst im 18. Jh. Verbreitung. Zunächst wurde eine Paste aus roter Ockererde verwendet, um die Wände zu schützen. Als sich ein Jahrhundert später die Bretterverschalung durchzusetzen begann, kam heller Anstrich in Mode. Dabei sollte die Farbe den fehlenden Stein optisch ersetzen: Roter Ocker ahmte Ziegelsteine nach, gelber den hellen Sandstein.

Pori 7

Die nacheiszeitliche Landhebung hat frühere Inseln und Schären mit dem Festland verschmolzen und den alten Kern von Pori (Björneborg; 76 500 Einw.) bereits über 20 km vom Meer entfernt. Die 1558 an der Kokemäenjoki-Mündung gegründete Stadt ist durch ihren Tiefwasserhafen industrielles wie kulturelles Zentrum: Hier braut man Karhu- (Bären-) Bier, hier wurde das erste finnische Theater gegründet und die Melodie des preußischen Präsentiermarsches komponiert.

Das sommerlich-bunte Strandleben spielt sich in den nördlich gelegenen Dünen von ***Yyteri** ab. NettesAusflugsziel ist das Fischerdorf ***Reposaari** (32 km nördl.).

Zum Festival **Pori Jazz** auf der Insel Kirjurinluoto (Juli; www.porijazz.fi) begrüßt die Stadt international bekannte Interpreten.

Info

Tourist Information
Yrjönkatu 17][Tel. 02-621 7900
www.pori.fi, www.maisa.fi

Hotels

■ **Mäntyluodon Hotelli**
Merisatamantie 2
Tel. 02-637 0779
www.mantyluodonhotelli.fi
Bezauberndes altes Gebäude, wo der Meerblick den Charme der individuell und liebevoll nostalgisch eingerichteten Zimmer noch unterstreicht. ●●

■ **Yyterin Kylpylä**
Sipintie 1][Tel. 02-628 5300
www.yyterinkylpylahotelli.fi
Exklusives, familienfreundliches Wellnesshotel direkt am Sandstrand. ●●

Restaurant

Raatihuoneen Kellari
Hallituskatu 9][Tel. 02-633 4804
Toprestaurant in den würdevollen Mauern des Rathauses von Carl Ludwig Engel. So geschl. ●●●

Erholung am Dünenstrand von Yyteri bei Pori

Kristiinan-kaupunki 8

Das 1649 begründete Kristinestad (7300 Einw.) haben Wellen und Feuer bisher verschont. So stehen die bunten Holzhäuser seit dem 18. Jh. Spalier entlang schmaler Gassen wie der nur 299 cm weiten ***Kissanpiiskaajankuja** oder der Miilukuja. Beim Bummel durch Staketgatan fällt **Tullituvat** auf, Finnlands einzige aus der Zeit des Landzolls bewahrte Zollstube.

Vaasa 9

Seine Lage an der schmalsten Stelle des Bottnischen Meerbusens machte Vaasa (59 000 Einw.) zu einer Nahtstelle zwischen Finnland und Schweden. Bereits im 13. Jh. genoss die Inselgemeinde ***Mustasaari** – wo im Juni Musikfestspiele einladen – Handelsprivilegien. Ein Brand legte Alt-Vaasa 1852 in Schutt und Asche. Im Empirestil entstand die neue Stadt auf der Halbinsel **Klemetsö.**

Nach dem Bummel durch **Alt-Vaasa** (Busse ins Zentrum oder ca. 30 Min. Fußweg), und einem Besuch im **Brage-Freilichtmuseum** (Juni–Aug., Mo geschl) ist die Insel **Raippaluoto** (Replot) ein erholsames Ausflugsziel, erreichbar über Finnlands längste Brücke.

Einprägsam erklärt das **Terranova-Naturzentrum** die Landhebung von hier 8 mm pro Jahr. Die Schärenwelt der **Kvarken** wurde daher 2006 als Ergänzung zur Hohen Küste in Schweden in die Liste des UNESCO-Weltnaturerbes aufgenommen. In 2500 Jahren wird man nach Schweden laufen können (Museokatu 3–4). Nach dem Mäzen **Kuntsi** heißt das neue Museum moderner Kunst im alten Zolllagerhaus (Mo geschl.).

Info

Vaasa Tourist Office
Raastuvank. 30][Tel. 06-325 1145
http://matkailu.vaasa.fi

Hotel

Astor
Asemakatu 4][Tel. 06-326 9111
www.astorvaasa.com
Sehr persönlich geführtes Hotel mit Flair; Zimmer mit eigener Sauna. ●●●

Restaurant

Gustav Wasa
Raastuvank. 24][Tel. 050-466 3208
www.gustavwasa.com
Spitzenrestaurant in früherem Kohlenkeller. Ren mit Pilzen probieren! ●●

Hämeenkyrö 10

Der Tipp hier für Kulturreisende: das Geburtshaus **Myllykolu** sowie das spätere Wohnhaus **Töllinmäki** von F. E. Sillanpää. Er ist Finnlands einziger Nobelpreisträger für Literatur › S. 39.

Echt gut!

Beeindruckend stürzt an den *Stromschnellen Kyröskoski das Wasser 21 m in die Tiefe.

Restaurant

Frantsilan Kehäkukka
Yrjö-Koskisentie 1][Tel. 03-371 4637
Vegetarische Küche, Schaugarten mit über 200 Gewürz- und Heilkräutern. ●●

Huittinen 11

Die Kleinstadt ist das Tor zum westlich gelegenen **Nationalpark Puurijärvi-Isosuo.** Er umfasst ein großes Hochmoor (23 km²) sowie einen See, an dem **seltene Vogelarten wie Kraniche im Frühjahr und Herbst zu sehen sind,** und zwar von einem der höchsten Beobachtungstürme in Skandinavien und einem Plankenweg im Sumpf (www.outdoors.fi).

Echt gut!

Orivesi 12

Bei Orivesi (9600 Einw., www.orivesi.fi) bietet sich ein Querschnitt finnischer Geologie. Das ***Steinmuseum Eräjärvi,** die landesweit einzige Sammlung dieser Art, zeigt 400 Gesteinsarten (Juni–Aug. tgl. 12–18 Uhr, sonst nach Vereinbarung unter Tel. 03-530 6416). In den Steinbrüchen baut man die kostbaren Saunaofensteine ab. Der harte Diobas hat eine hohe Wärmespeicherfähigkeit. Er wird auch im Straßenbau verwendet.

Kaustinen 13

Bereits vor 27 Jahren begriff das Provinznest (4300 Einw.) als eine der ersten Landgemeinden: Man soll den Sommer dort feiern, wo man ihn verbringt. Inzwischen ist Kaustinen – zu Recht Dorf der Volksmusik genannt – zu einem Mekka aller Anhänger der Volksmusik aufgestiegen.

Nicht verkitschte Heimatklänge, sondern vielmehr eine ungezwungene Verbindung traditioneller und moderner Elemente der Musik locken alljährlich über 3000 Musiker und Tänzer aus aller Welt. Dass sich nicht nur beim **Folk Music Festival im Juli** alles um Volksmusik dreht, beweist der futuristische Bau des Folk Art Centre mit **Volksmusikmuseum,** Musiksälen und Musikschule.

Info

Folk Art Centre
Jyväskyläntie 3][Tel. 040-1701 966
www.kaustinen.net

Kokkola 14

Österbottens Geschäftszentrum (Karleby, 46 000 Einw.) führt seine Gründung im Jahr 1620 auf den schwedischen König Gustav II. Adolf zurück. Bei einem Bummel durch das aus dem 18./19. Jh. erhaltene, romantische ****Holzhausviertel Neristan** fühlt man sich in die Zeit der Windjammer zurückversetzt.

In einigen Häusern entstanden nette Museen, die das Leben bedeutender Personen wie des Großkaufmanns **Renlund** (Museum Di–So 12–15/17 Uhr), die Stadtgeschichte sowie die Natur bildhaft vor Augen führen.

Info

Kokkolan Tourist Information
Kauppatori 3][Tel. 040-8065 075
www.kokkola.fi

Hotel

Nukkumatti
Rautatienkatu][Tel. 06-824 3200
www.kpnet.com/nukkumatti

Famlienfreundliches Mittelklassehotel in ruhiger Lage. ●●

Restaurant

Wanha Lyhty & Kellari
Pitkänsillankatu 24
Tel. 06-868 0188
Kellerrestaurant mit Dekorzitaten des 19. Jhs. Kleine Terrasse. ●–●●

*Pietarsaari 15

Die 1652 gegründete Hafenstadt (Jakobstad; 20 000 Einw.) wirkt sehr viel maritimer als Kokkola. Sehenswert sind das reich verzierte Rathaus sowie die ***Kirche der Landgemeinde.** Seit ihrer Erweiterung durch einen stattlichem Säulengang (1787–1795) gleicht ihr Äußeres eher einer Hacienda. Führungen folgen den Spuren des Nationaldichters J. L. Runeberg, der hier 1804 geboren wurde.

Spiel und Spaß bietet der Wasserpark **FantaSea** in Gamla Hamn (Vanha Satama), dem ehemaligen Hafenviertel. Das **Holzhausviertel Skata** ist nett zum Bummeln, und an schönen Sommertagen locken im **Fäboda-Naherholungsgebiet** (8 km) kilometerlange Sandstrände zum Schwimmen.

Info

Tourist Office
Kauppiaank. 12][Tel. 06-723 1796
www.jakobstad.fi

Hotel

Stadshotellet (Kaupunginhotelli)
Kanavapuistikko 13
Tel. 06-788 8111
www.cfhotel.fi/en.html
Traditionshotel mit pfiffiger Ausstattung. Auch einfachere, preisgünstigere Zimmer. ●●–●●●

Restaurant

Fäboda
Piekkuhiekantie][Tel. 06-788 7120
Sommerrestaurant, idyllisch ruhig am Strand. ●●

Uusikaarlepyy 16

Das 1620 gegründete Uusikaarlepyy (Nykarleby, 7400 Einw.) zeigt sich als typisch finnisch-schwedische Kleinstadt mit Parks, Statuen und alten Holzhäusern.

Im ***Herrenhaus Kuddnäs** wurde 1818 der Dichter, Journalist und streitbare Zeitgeist Sakari Topelius geboren. Er machte als einer der ersten auf die harten Lebensbedingungen der Arbeiter aufmerksam (Juni, Juli 10–17, Aug. 12–17 Uhr, Abb. S. 100).

Im Holzhausviertel von Pietarsaari

Herrenhaus Kudnäs

Info

Tourist Information
Topeliuksenpuistikko 7
Tel. 06-785 6111
www.uusikaarlepyy.fi

Hotel

Juthbacka Ferienzentrum
Juhtasvägen 34][Tel. 06-722 0677
www.juthbacka.multi.fi
Anlage mit Hotel, Restaurant, Hütten sowie Camping. ●–●●

Seinäjoki 17

Die Stadt (57 000 Einw.) wartet nicht nur mit dem ***Landesmuseum Süd-Österbotten** samt Bauernhaus- und Handwerksabteilung sowie Finnlands einzigem **Schießpulver-, Wassermühlen- und Landapothekenmuseum** auf, sondern auch mit Tango!

1 Seit 1985 erklingt beim jährlichen **Tangomarkt** finnischer Tango, Melancholie in Moll, nicht in Dur wie in Argentinien: Tango im Kopf in der Mittagssonne, Tango in den Beinen am Abend, nachts Tango im Bauch. Fast 100 000 Gäste pilgern in der ersten Juliwoche in die Hochburg Seinäjoki, um die schwermütigen Klänge zu genießen › S. 46.

Info

Valtionkatu 1][Tel. 06-420 9090
www.epmatkailu.fi
Kirkkokatu 6][www.seinajoki.fi

Hotels

- **Sokos Hotel Lakeus**
Torikatu 2][Tel. 010-764 8000
www.sokoshotels.fi
Im Zentrum, mit Steakrestaurant, Tanzlokal, Bar, Nachtclub. ●●●
- **Best Western CityHotel Seinäjoki**
Kalevankatu 2][Tel. 06-215 9111
www.sdr.fi/cityhotel
Moderne Zimmer in frischen Farben; beliebte Restaurants, Nightclub. ●●
- **Feriendorf Kalajärvi**
Peräseinäjoki][Tel. 06-417 4002
www.kalajarvi.fi
30 km von Seinäjoki, Ferienhütten, ideal für den Aktivurlaub; Sandstrand und Reitmöglichkeit. ●●
- **Perhehotelli Nurmela**
Kalevankatu 29][Tel. 06-414 1771
www.netikka.net/nurmela
Günstiges Familienhotel – schlicht, aber preiswert. ●

Restaurants

- **Restaurant Alma**
Ruukintie 4][Tel. 06-421 5200
www.hotelalma.fi
Finnisch speisen in Jugendstil-Sälen; in Bahnhofsnähe. ●●–●●●
- **Restaurant Huviretki**
Kauppakatu 10][Tel. 06-418 6149
Internationale Gerichte zu günstigen Preisen. ●–●●

Dichterweg

Der über 100 Jahre alte **Dampfer »S.S. Tarjanne«** fährt im Sommer in 8 Std. von Virrat über Ruovesi nach Tampere (und zurück). Nach J. L. Runeberg, der die Schönheit der Gegend pries, wird die Strecke Dichterweg genannt (www.runoilijantie.fi).

In **Virrat** (Virdois, www.virrat.fi) **18** ist außer dem Herraskoski-Kanal (1903–1907) das ***Perinnekylä** (deutsches Traditionsdorf; 4 km Richtung Pori) als Beispiel bäuerlicher Kultur des 19. Jhs. sehenswert. Virrats wilde Umgebung – Wälder, Schluchtseen und schroffe Felsen – begeistert Wanderer und Kanuten.

Im Kirchdorf **Ruovesi** **19** kann man die 23 regionaltypischen Gebäude des Heimatmuseums erkunden. Danach erfrischt ein kühler Schluck aus der radiumhaltigen Quelle Runeberg.

Unterwegs auf **Åland

Mariehamn 1

Die Zeit der 100-jährigen russischen Herrschaft (ab 1809) belegt der Name von Ålands Hauptstadt, gegründet 1861 von Alexander II. Seiner Gemahlin zu Ehren taufte er sie »Mariahafen«. Für eine Einkaufspassage stand der russische Viktualienhändler Nikolaj Sittkoff mit seinem Namen Pate.

Die modern wirkende Stadt zwängt sich auf einer Breite von nur 1000 m zwischen zwei Meeresarme. West- und Osthafen – pittoresk dümpelt dort eine Armada hochseetüchtiger Schiffe – verbindet der Prachtboulevard **Norra Esplanadgatan.**

Neben dem 2012 wiedereröffneten ****Seefahrtmuseum** erinnert die Statue des Steuermanns an die Seeleute, die nie zurückkehrten. Sehnsüchte wecken im Museum die Schiffsteile und Kapitänskajüten aus der Windjammerzeit. Vor dem Gebäude liegt der ****Viermaster »Pommern«** vertäut, einst als Frachtensegler zwischen Australien und England eingesetzt, heute ein Museumsschiff, das den Alltag an Bord nachvollziehen lässt (Museum Sommer tgl. 10 bis 17, Winter 11–16 Uhr, Museumsschiff Mai, Juni, Aug. tgl. 9–17, Juli bis 19, Sept. 10–16 Uhr; www.sjofartsmuseum.ax). Um die stolze »Pommern« schwirren zig Segeljachten, drängen sich **Segelpavillons und Sommerterrassen mit schönen Plätzen zum Sitzen** und Beobachten, Livemusik und engen Schmusetanzflächen.

Echt gut!

Außer in den zahlreichen Kneipen und Cafés findet man Abwechslung im ***Ålandspark,** einem Freizeitgelände auf Lilla Holmen, im **Mariebad** sowie am beliebtem Badeplatz **Grönä Udden** (Grüne Landzunge).

Die »Pommern« ruft Erinnerungen an die Windjammerzeit wach

Info

Ålands Turistförbund
Storagatan 8][Tel. 018-240 00
www.visitaland.com/de

Hotels

■ **Åland Hotel Adlon**
Hamngatan. 7][Tel. 018-154 00
www.alandhotels.fi
Modern, nahe dem Fährhafen. ●●●
Einfache Zimmer in den Kapitänshäusern gegenüber dem Adlon. ●

■ **Arkipelag**
Strandgatan 31][Tel. 018-240 20
www.hotellarkipelag.com
Hohes Niveau bei Interieur und Gastronomie, gutes Sportangebot. ●●●

■ **Park Alandia Hotel**
Norra Esplanadgatan 3
Tel. 018-141 30
www.vikingline.fi/parkalandiahotel
Fast 80 schöne Zimmer am Prachtboulevard der Stadt, mit Pub. ●●●

Restaurant

Nautical
Hamngatan 2][Tel. 018-199 31
www.nautical.ax
Åländisch Feines im Haus des Seefahrtmuseums nahe der »Pommern«. ●●

Lemland 2

Östlich von Mariehamn zieht sich die Straße 3 durch eine in ihrer Vegetation bunte Endmoränenlandschaft bis zum kurzen, 1882 erbauten **Lemströmkanal.** Er trennt Jomala von Lemland.

Ålands Kirchen, Kontrapunkte aus roh behauenen Natursteinen in grün-blauer Inselwelt, verdienen Aufmerksamkeit. Auf Lemland ist es eine **Feldsteinkirche** aus dem 13. Jh. Sie birgt farbige Fresken zur Geschichte von St. Nikolaus. Mit schwedischen Einwanderern hatte die Christianisierung der Inseln im 11. Jh. begonnen.

Fähren

Auf einer Inseltour über die Hauptinsel hinaus ist **Lumparland 3** mit den Fährhäfen Svinö (für Föglö), Långnäs (Auto- und Fahrradfähren nach Kökar) und Lumpo (für Sund) wichtiger Trittstein im Archipel.

Souvenirs, Souvenirs …

Auf den Inseln findet man eine Vielfalt hübscher Andenken: Keramik, åländische Wolle oder kleine, wunderschöne Holzgefäße, in denen früher Strömming (Heringsart) eingelegt wurde. Auf der Hauptinsel sind viele Geschäfte sonntags geöffnet.

Föglö 4

Mühelos radelt man durch die Ebenen von Föglö. Fischerkähne und Bootshäuser, Reusen und Angler, Eiderenten und wilde Schwäne begleiten den Weg. Fischerleben prägt die Insel, die 2011 Schauplatz des ARD-Films »Der Rekordbeobachter« war.

Kökar 5

Auf Kökar findet man kaum Bäume, dafür ein **Franziskanerkloster** und zahlreiche Künstler, die sich hier Ateliers eingerichtet haben. Mit der Inselfähre gelangt man in 2,5 Std. zurück nach Lumparland, mit der Fahrradfähre weiter nach Prästö auf Sund.

Sund 6

An der Ostküste von Sund liegen die Ruinen der Festung ***Bomarsund.** Engländer und Franzosen sprengten im Krimkrieg dieses noch unvollendete, vom Zaren in Auftrag gegebene »Gibraltar des Nordens« aus Granit.

Dagegen strahlt vollendet das schon 1388 urkundlich erwähnte ****Schloss Kastelholm,** ein ehemaliges Jagdschloss des schwedischen Königshauses. In seinen Räumen spielten als Kinder einst Gustav Wasa und andere Könige (Mai–Mitte Sept. 10–16, Juni, Aug. bis 17, Juli bis 18 Uhr; 12 km westl. von Bomarsund).

In unmittelbarer Nähe versammelt das **Jan Karlsgårdens Friluftsmuseum** (Mai–Sept.) inseltypische Bauten. Sunds zweischiffige, 800 Jahre alte Kirche **St. Johannes** (Mai–Aug.) ist die größte im Archipel. Sie gewährt einen **unvergleichlichen Blick über die Schärenlandschaft.** Echt gut!

Unterkunft

Prästö Stugor & Camping
Sundsvägen 1758][Prästö
Tel. 018-440 45
www.johanssonscamping.net
Kleine Bungalows, Grillrestaurant. ●

Saltvik 7

Der Weg auf Saltvik, einer an historisch bedeutsamen Funden und Orten reichen Insel, schlängelt sich an Waldrändern entlang zur Kirche **St. Maria,** vor der auf einem alten Thingplatz einst Volks- und Gerichtsversammlungen abgehalten wurden.

Der **Orrdalsklint,** mit 128 m Ålands höchster Berg, taucht unmittelbar aus dem Meer auf. Von

Der Staat im Staate

1921 schlug der Völkerbund den Archipel gegen den mehrheitlichen Wunsch der Ålander nicht Schweden, sondern Finnland zu, wobei er ihnen außer der teilweisen Autonomie Schwedisch als Amtssprache zugestand. Die Ålander gelten als heimatverbunden und weltoffen zugleich. Sie waren begabte Seefahrer, große Windjammer hatten in Mariehamn ihren Heimathafen. Noch immer ist die Schifffahrt wichtigster Erwerbszweig der Inselgruppe.

seinem Gipfel bietet sich das 360-Grad-Panorama der Inselwelt.

Am Fuß des Berges entführt im Dorf **Långbergsöda** eine steinzeitliche Hüttensiedlung in die Stein- und Bronzezeit. Fundstätten beweisen, dass Ålands erste Bewohner bereits vor 6000 Jahren eintrafen. Die Besiedlung großen Stils begann um 600 n. Chr. Wikingergräber zeugen von der Zeit der Christianisierung – damals waren die Inseln Nordeuropas dicht besiedelt.

Getabergen 8

Ålands zweithöchste Erhebung (107 m) prägt die Halbinsel **Geta.** Die steil zum Wasser abfallenden Felsen mit der Höhle **Djupviksgrottan** fesseln Geologen wie auch die Besucher der Gipfel-Touristenstation **Soltuna** – ein herrlicher Ort, um die Nacht im Freien zu verbringen.

Hotel

Hotell Havsvidden
Hamngatan 7][Tel. 018-494 08
www.havsvidden.com
Fabelhaftes modernes Boutiquehotel am Wasser, mit eigenem Strand und Feinschmeckerrestaurant. ●●●

Eckerö 9

Eine Bogenbrücke überspannt den fischreichen Marsund, der sich zwischen **Hammarland** – in-

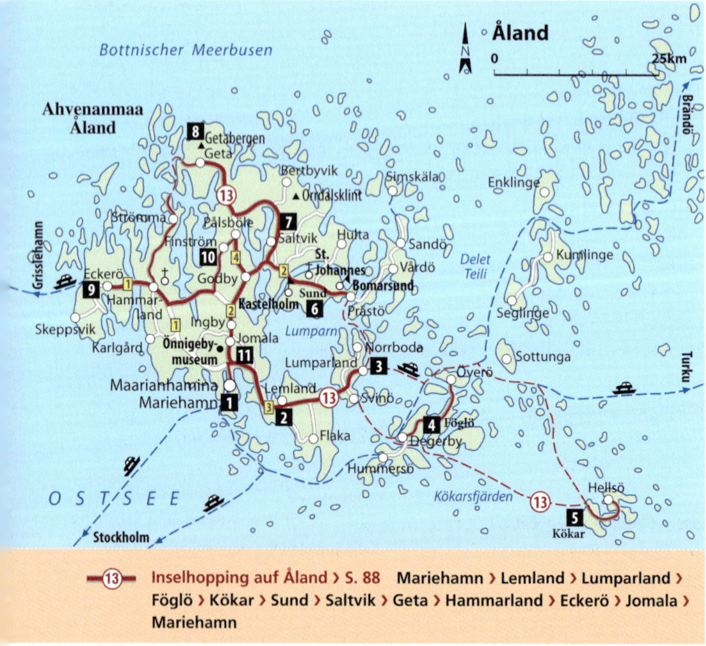

13 **Inselhopping auf Åland › S. 88** Mariehamn › Lemland › Lumparland › Föglö › Kökar › Sund › Saltvik › Geta › Hammarland › Eckerö › Jomala › Mariehamn

teressant dort die trutzige Feldsteinkirche **St. Katharina** aus dem 13./14. Jh. – und Eckerö schiebt. Die westlichste Gemeinde Finnlands besteht aus einer Hauptinsel und etwa 200 kleineren Eilanden. C. L. Engel erbaute das auffallend große ***Postamt** im Empirestil, denn Bewohner von Eckerö ebenso wie die des schwedischen Roslage beförderten von 1636 bis 1898 in Booten die Post zwischen Finnland und Schweden. An das mühselige *Postrodden* erinnert im Juni ein **Postruder-Wettkampf** mit Grisslehamn.

ht jut! **Eckerös Küsten sind ein hervorragendes Paddelrevier.** Boote verleiht z. B. **Nimix,** Västanholmen 14, Tel. 050-667 16, www.nimix.ax.

St. Katharina auf Hammarland

Hotels

Eckerö Hotell
Tel. 018-384 47
www.eckerohotell.aland.fi
Sympathisch modernes Familienhotel, großer Garten; im Sommer mehrmals in der Woche Dinner mit Tanz. ●●●

Hotel Elvira
Sandmovägen 85][Tel. 018-382 00
www.visitaland.com/hotelelvira/de
Hübsches kleineres Strand- und Familienhotel. ●●

Finström 10 und Jomala 11

Die Attraktion der Binnengemeinde **Finström** ist abermals eine Kirche: St.-Michaelis aus dem 13. Jh., deren Holzskulpturen bemerkenswert sind.

In der Gemeinde **Jomala** entdeckte man auf der Anhöhe **Ingbybergen** Gräber aus der Bronzezeit und eine Grotte, in der der Teufel Ålands Jungfrauen ihre Unschuld geraubt haben soll. 1 km weiter Richtung Mariehamn versteckt sich hinter Bäumen eine der ältesten Steinkirchen des Nordens, die **St.-Olaf-Kirche.** Vor etwa 900 Jahren erbaut, diente sie auch der Verteidigung.

Im östlichen Jomala lockt Kultur: Das ***Önningeby Museum** vermittelt einen Einblick in die von der Inselnatur inspirierten Werke einer 1886 gegründeten Künstlerkolonie (Juni–Aug. 11 bis 16, sonst Sa 12–15 Uhr).

Hotel

Bastö Hotel & Blockhäuser
Pålsböle][Tel. 018-423 82
www.basto.ax
Gut ausgestattete Hütten und kleines Hotel am Meer in Nordfinström. ●●

Finnische Seenplatte und Karelien

Nicht verpassen!

- Besuch im Alvar-Aalto-Museum in Jyväskylä
- Die Opernfestspiele in Savonlinna erleben
- In Kuhmos Kalevala-Erlebnisdorf die Ursprünge der urfinnischen Sagenwelt kennenlernen
- Eine Fahrt durch die atemraubende Landschaft des Koli
- Kanufahren, angeln, wandern, Beeren pflücken – rund um Mikkeli einfach die Natur genießen

Zur Orientierung

Mitten im blauen Finnland, im Herzen des »Landes der tausend Seen«, begeistern Jyväskylä, Kuopio und Joensuu als größte Städte mit kulturell Sehenswertem. Jyväskylä ist die Alvar-Aalto-Stadt, Kuopio bekannt für die Freundlichkeit, Joensuu für die Redseligkeit der Bewohner. Nach Savonlinna locken die Opernfestspiele Besucher aus aller Welt.

Hier lohnt es sich, einmal diese urtypisch finnische Verschmelzung der Seen und Wälder vom Wasser aus zu genießen: Gönnen Sie sich eine Schiffsreise auf dem Päijänne oder Saimaa. Von Bord aus werden Sie eine erstaunliche Anzahl hübscher Sommerhäuser, die *mökkis,* entdecken und sicher Sehnsucht bekommen nach ruhigen Angel- oder Wandertagen.

Je weiter man Richtung Osten fährt, desto endloser wirken die Wälder. Beiderseits der finnisch-russischen Grenze leben die Karelier. Vielen Finnen gelten die Bewohner der Provinz Nordkarelien als aufrichtigster Menschenschlag des Landes, der weder Lebensfreude noch Trauer zu verbergen sucht. Hier fand Elias Lönnrot die im Nationalepos »Kalevala« verewigten Lieder. Und Kareliens Natur ist so unberührt, dass in ihr Bär und Luchs heimischer sind, als es der Mensch je werden wird.

Heimat Karelien: eine Braunbärin mit ihrem Nachwuchs

Touren in der Region

Saimaa-Runde

(14) Savonlinna › Varkaus › Heinävesi › Joensuu › Kerimäki › Savonlinna

Dauer: 3–4 Tage (ca. 370 km)
Praktische Hinweise: Die Autotour um den nördlichen Saimaa-See bietet Abwechslung zwischen Natur und Kultur. Ideale Übernachtungsorte sind Varkaus, das Kloster Neu Valamo in Heinävesi und Joensuu. Dort könnte man auf die Kalevala-Tour wechseln.

***Savonlinna** › S. 114 sollten Sie nicht verlassen, ehe Sie die Burg *****Olavinlinna** besichtigt haben. Danach geht es durch das blaugrüne Mosaik der Saimaa-Landschaft – im Winter eine Sinfonie in Weiß – nach **Varkaus** › S. 114, wo das ***Museum für mechanische Musik** einen Besuch lohnt. Das Kloster ****Neu Valamo** in **Heinävesi** › S. 114 gewährt stille Momente, ehe die Route **Joensuu** › S. 116 erreicht. In einem bemerkenswerten Museum dokumentiert die Hauptstadt Nordkareliens die Traditionen der Region. Auf dem Rückweg nach Savonlinna liegt **Kerimäki** › S. 115, eine kleine ländliche Gemeinde mit der weltgrößten ***Holzkirche.**

(14) **Saimaa-Runde** Savonlinna › Varkaus › Heinävesi › Joensuu › Kerimäki › Savonlinna

(15) **Im Herzen des blauen Finnlands** Jyväskylä › Kuopio › Leppävirta › Varkaus › Savonlinna › Mikkeli › Jyväskylä

(16) **Karelien – auf den Spuren des Kalevala** Kuopio › Joensuu › Värtsilä › Ilomantsi › Koli › Kuhmo › Nurmes › Nilsiä › Kuopio

Karte Seite 108

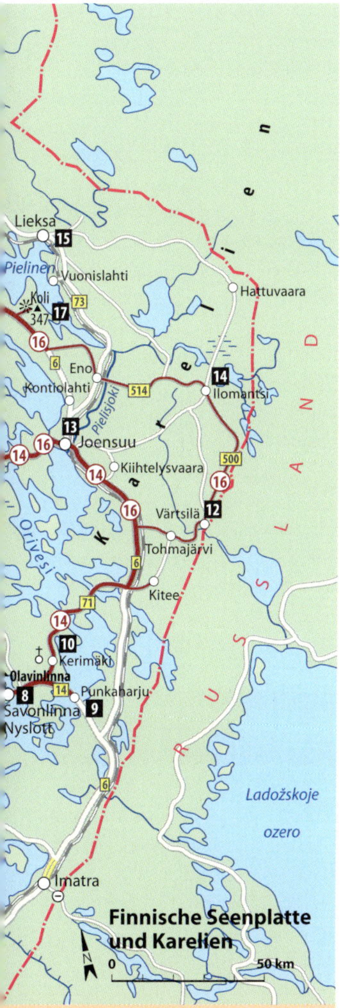

Im Herzen des blauen Finnlands

(15) Jyväskylä › Kuopio › Leppävirta › Varkaus › Savonlinna › Mikkeli › Jyväskylä

Dauer: 1 Woche (ca. 530 km)
Praktische Hinweise: Die Tour durch Finnlands schönste Seenlandschaften ist mit sorgfältiger Planung auch per Bus (www.matkahuolto.fi) und Bahn (www.vr.fi) machbar, aber das Auto bietet deutlich mehr Flexibilität. Zwei Zusatztage erfordert die Schiffstour über den Päijänne.

Den ersten Tag verbringen Sie in ***Jyväskylä** › S. 110, dessen Bild markante Bauten von **Alvar Aalto** prägen, und besuchen das ****Aalto-Museum.** Am zweiten Tag geht es in die lebhafte Universitätsstadt ***Kuopio** › S. 112. ***Marktplatz,** ***Puijo**-Hügel und das ***orthodoxe Kirchenmuseum** dürfen im Programm nicht fehlen! Hier empfiehlt sich eine Übernachtung, alternativ in dem für Ostfinnland typischen Provinzort **Leppävirta** › S. 113. Auch hier glitzerndes Wasser rundum. Die Fahrt über **Varkaus** › S. 114 nach ***Savonlinna** › S. 114 am nächsten Tag, dem vierten, ist kurz. Dort ist die **Burg *****Olavinlinna** ein Muss, ****Punkaharju** › S. 115 als Ausflug empfehlenswert. Am 6. Tag besuchen Sie **Mikkeli** › S. 115, wo die Kinder in **Visulahti** Spaß haben können oder eine Kanutour schön ist, bevor es wieder nach Jyväskylä geht.

Karelien – auf den Spuren des Kalevala

16 Kuopio › Joensuu › Värtsilä › Ilomantsi › Koli › Kuhmo › Nurmes › Nilsiä › Kuopio

Dauer: 5 Tage (ca. 710 km)
Praktische Hinweise: Die Tour auf den Spuren des Kalevala ist für die Fahrt mit dem eigenen Auto geplant.

Beginnen Sie Ihre Entdeckungen in ***Kuopio** › S. 112, ehe Sie dann ins Herz Kareliens nach **Joensuu** › S. 116 fahren, wo Sie im **Carelicum** und im ***Nordkarelischen Museum** weiter mit der Kultur vertraut werden. Anderntags ist der Grenzort **Värtsilä** › S. 116 ein interessanter Stopp auf dem Weg nach **Ilomantsi** › S. 117. Dort wird im ***Runensängerhaus** über das Kalevala berichtet. Die nächste Tagesetappe führt durch die als urfinnisch charakterisierte Landschaft rund um den *****Ukko-Koli** › S. 118 nach ***Kuhmo** › S. 119. Hier führt Sie das ****Kalevala-Erlebnisdorf** zu den Wurzeln karelischen Lebens. Auf dem Rückweg nach Kuopio liegt die hübsche Kleinstadt **Nurmes** › S. 118 mit dem Haus ****Bombantalo,** einem Prachtstück der karelischen Architektur. Sportbegeisterte schätzen das Urlaubszentrum **Tahko** bei **Nilsiä** (Laitisenmäentie 11, Tel. 017-481 400, www.tahko.com). Es bietet vielerlei Aktivitäten das ganze Jahr über – von Winter- und Wassersport bis zu Wellnessprogrammen.

Unterwegs in der Region

*Jyväskylä 1

Die zauberhafte Wasserlandschaft des Päijänne-Sees umgibt das Zentrum Mittelfinnlands (128 000 Einw.). Finnische Städte wirken manchmal zeitlos langweilig mit breiten Straßen und nüchternen Zweckbauten. Nicht nur in Jyväskylä, aber besonders hier, veränderte Alvar Altos Handschrift mit etwa 100 Bauten das Bild. Er entwarf u. a. **Universität, Stadttheater** und das **Mittelfinnische Museum** (Broschüre für Rundgang im Infobüro). Sein Lebenswerk ist Thema des ****Aalto-Museums** (Aalton katu 7, Di–So 11–18 Uhr, www.alvaraalto.fi).

Das **Museum für Handwerk und Kunstgewerbe** zeigt zeitgenössische Handarbeiten und Designobjekte sowie eine Trachtensammlung (Kauppak. 25, Di–So 11–18 Uhr, www.craftmuseum.fi).

Um den See Jyväsjärvi führt ein herrlicher Spazierweg.

Info

Regional Tourist information
Asemakatu 6][Tel. 014-266 0113
http://jyvaskylanseutu.fi/travel

Hotels

■ Scandic Jyväskylä

Vapaudenkatu 73
Tel. 014-330 3000
www.scandichotels.com/jyvaskyla
Großes Hotel, gediegen moderne Ausstattung, zentral gelegen. Italienisches Restaurant. ●●●

■ Hotel Milton

Hannikaisenkatu 29
Tel. 014-337 7900
www.hotellimilton.com
Gemütlich, eher traditionell eingerichtet; knapp 40 Zimmer. ●●

Restaurants

■ Schiffsrestaurant M/S Rhea

Hafen Jyväskylä
Tel. 04 00-706 691
Sommerrestaurant. Die Empfehlung: frischer Zander aus dem Päijänne. ●●

■ Old Brick's Inn

Kauppakatu 41][**Tel. 014-616 233**
Eine Institution im Herzen der Fußgängerzone. Sehr leckere Steaks und Fischgerichte, mit dem besten Biersortiment der Stadt. ●●

Auf dem Päijänne

Ausflüge von Jyväskylä

In **Laukaa,** etwas nördlich von Jyväskylä, bietet das Freizeitzentrum **Varjolan Tila** Safaris, Rafting, Quadfahren und andere Aktivitäten in wunderschöner Seenland-

7 Erlebnis Päijänne: von Jyväskylä nach Lahti

Während der 10-stündigen Schiffsreise über Finnlands zweitgrößten See ziehen die schönsten Landschaften vorüber, große, tiefblaue Seenflächen, an deren Buchten die Spiegelung des Waldes die Uferlinie verwischt. Unterwegs werden kleine Häfen angesteuert, in denen man Zeit hat, sich umzusehen, bevor es wieder heißt: Leinen los und Tisch gedeckt im Bordrestaurant. In **Säynätsalo,** einer Gemeinde auf elf Inseln, baute Alvar Aalto 1953 das Gemeindehaus, bei **Kärkinen** wird die mit 104 m tiefste Stelle des Seeabschnitts Ristinselkä überfahren – sonst erreicht das Wasser kaum 20 m Tiefe. Gewagte Brücken spannen sich über die Sunde im Süden. Beim landschaftlich äußerst schönen **Asikkalanselkä** gelangt man an den 1306 m langen Vääksy-Kanal (1871) vom Päijänne zum Vesijärvi. Die Ankunft in Lahti › S. 82 erlebt man in der Abendsonne. Infos: Päijänne Risteilyt Hilden oy, Tel. 014-263 447, www.paijanne-risteilythilden.fi; Pauschalen mit Hotel und Rückfahrt (Schiff/Bus).

schaft mit einer Stromschnelle (www.varjola.com).

In **Muurame** **2** vermitteln im **Saunakylä** 30 Saunen einen Überblick über die Saunakultur › S. 26. Die Rauchsauna kann man ausprobieren (15 km südl., Juni–Aug. Di–So 10–17 Uhr).

Die ****Kirche von Petäjävesi** (35 km westlich, UNESCO-Weltkulturerbe) ist ein außergewöhnliches Beispiel finnischer Holzarchitektur von 1763 (Juni–Aug. tgl. 10–18 Uhr, sonst mindestens zwei Tage vorab anmelden, opas@petajavesi.fi, Tel. 040-582 2461).

Echt gut!

Wildnis pur – die schönsten Naturparks

- Der **Nationalpark Nuuksio** bei Espoo eignet sich sogar als Tagesausflug von Helsinki (25 km). Die unberührte Waldlandschaft, wo noch Flughörnchen leben, durchziehen auch Wege für weniger erfahrene Wanderer. Bus 85 ab Espoo › S. 72.
- Der **Nationalpark Pyhä-Häkki** bei Viitasaari › S. 112 schützt neben Mooren einige der letzten Urwälder Mittelfinnlands. In den jahrhundertealten Kiefern und Fichten nisten Spechte. Auch große Eulen sind hier heimisch, nicht aber Großtiere.
- Lappland pur! Im **Nationalpark Lemmenjoki** – mit 2850 km² Finnlands größtes Reservat › S. 134 – erlebt man Einsamkeit, wo durch Nadel- und Birkenwälder, überragt von kahlen Fjälls, Bären und Elche streifen.
- Bären und Russland als Nachbarn: Die Bärenrunden (75 und 9 km) im **Nationalpark Oulanka** › S. 136 erschließen urtümliche Natur.
- Ursprünglich und deshalb ein Paradies für Wanderer: der **Urho-Kekkonen-Nationalpark** › S. 137.

Viitasaari 3

Nur wenige Autostrecken schlängeln sich an den Buchten der Seeufer entlang. Doch jene am Westsaum des Keitele-Sees lohnt die Fahrt nach Viitasaari: Hier bieten Stromschnellen und steile Felsen einen wild-schönen Anblick. Wer gut zu Fuß ist, kann **Karoliinas Stufen** am Kymönkoski (9 km Richtung Pihtipudas) bewältigen.

Hotel

Hotel Pihkuri
Kappelintie 5][Tel. 020-798 1440
www.pihkuri.fi
Haus mit 24 Zimmern, schöne, ruhige Seelage, mit vielen Musikevents. ●●

*Kuopio 4

Das Bild der Stadt (92 000 Einw.) prägt der ***Puijo**-Hügel mit einem **Aussichtsturm** (tgl. 11–19.30/21.30 Uhr). Das **Drehrestaurant** (Tel. 017-255 5255, ●●) in luftiger Höhe bietet einen grandiosen Blick auf den See Kallavesi und seine Inseln. Teil des Panoramas ist auch der ***Marktplatz,** wo Frauen werktags u. a. Roggenbrot mit Fleisch- und Fischfüllung verkaufen. Manche sagen, dieser *kalakukko* sei nur zusammen mit Kuopios zweiter Spezialität, dem Likör aus der arktischen Himbeere *mesimarja,* ein Genuss. Dem offenen Naturell der Kuopioer be-

Karte Seite 108

gegnen Besucher nicht nur auf dem Markt. Auch bei einer Kutschfahrt (*vossikka*, ab Markthalle) geht es munter zu.

Der **Hafen,** nur wenige Schritte östlich der Stadtmitte, ist gleichfalls ein beliebter Treffpunkt, im Sommer insbesondere abends, etwa auf der Terrasse des Restaurants **Wanha Satama** (●●).

Prächtige sakrale Schätze versammelt das sehenswerte ***Orthodoxe Kirchenmuseum** (Karjalankatu 1, Neueröffnung 2014).

Das **Tanzfestival** im Juni begeistert mit einem bunten Programm internationaler Gruppen.

Info

Regional Tourist Information
Haapaniemenkatu 17
Tel. 017-182 584
www.visitlakeland.fi

Hotels

■ **Jahtihovi**
Snellmanink. 23][Tel. 017-264 4400
www.jahtihovi.fi
Sehr freundliches, familiengeführtes Haus nahe dem Sportboothafen. ●●

■ **Best Western Hotel Savonia**
Sammakkolammentie 2
Tel. 017-255 5100
www.savonia.com
Gehobener Standard, behagliches Ambiente auf dem Puijo-Hügel. ●●

■ **Rauhalahti**
Katiskaniementie 8
Tel. 030-608 3100
www.rauhalahti.fi/rauhalahti
Komfortables Wellnesshotel (●●●) mit Tanzrestaurant und Hostel (●●) im Wald. Finnische Abende mit Livemusik in der Hütte Jätkänkämppä nebenan.

Restaurants

■ **Harald**
Tulliportinkatu 44
Tel. 044-766 8202
www.ravintolaharald.fi
Echt gut!
Traditionelle Gerichte in echtem Wikinger-Milieu mit Kerzenlicht – ein originelles Erlebnis! So geschl. ●●

■ **Isä Camillo**
Kauppakatu 25–27
Tel. 017-581 0450
Stimmungsvolles Lokal in einem alten Bankgebäude, gute Weinkarte. ●●

Leppävirta 5

Entspannend ist ein Besuch in Leppävirta (4 500 Einw., www.leppavirta.fi), dessen Ortsmitte auf einer Anhöhe die große **Kirche** von C. L. Engel prägt. Die Stromschnellen und Kanalanlagen in **Konnus** (6 km außerhalb) sind an

Mökkis – offen und doch intim

Für eine besondere Art finnischer Freiheit steht *mökki,* zu übersetzen als »Sommerhaus am Wasser«. Seine Geschichte begann im 19. Jh., als das städtische Bürgertum sommers ins Grüne auf die Inseln strebte. Über 450 000 dieser Kultstätten nordischen Lebens liegen über das Land verteilt. Genutzt werden sie von fast 2 Mio. Menschen – und wer noch kein eigenes *mökki* besitzt, genießt die Gastfreundschaft von Freunden oder Verwandten. Als oberstes – ungeschriebenes – Gesetz jedoch gilt: Die Privatsphäre des Nachbarn ist sakrosankt.

einem schönen Sommertag der ideale Ort, um bei einem Spaziergang Natur zu genießen (Golfplatz, Camping in der Nähe)

Für Tanzfreudige ist **Tulenliekki** › S. 47 *die* Adresse in Leppävirta. Der preisgekrönte Tanzpavillon liegt 40 km entfernt, ist aber auf jeden Fall die Fahrt wert.

Hotel

Holiday Club Vesileppis
Vokkolantie][Tel. 010-762 9650
www.vesileppis.fi
Familienfreundliches Spahotel mit Badestrand und Spielplätzen in der Nähe. Im Skitunnel trainieren die Profis. ●●

Varkaus 6

Auf einem Spaziergang über die Brücken der Stadt (23 000 Einw.) erlebt man den Charme ihrer Inseln und Kanäle. **Taipale** heißt Finnlands ältester von 1839 – und den Besuch dort sollten Sie in einem Lokal mit der Spezialität »Gebratene Maränen (Felchen) mit Kartoffelbrei« abrunden. Das ***Mekaanisen Musiikin Museo,** das einzige dieser Art in Finnland unterhält mit mechanischen Toninstrumenten (Pelimanninkatu 8, März–Mitte Dez. Di–Sa 11–18, So 11–17 Uhr, www.mekaanisen musiikinmuseo.fi).

Hotel

Scandic Oscar
Kauppatori 4][Tel. 017-579 011
www.scandichotels.com
Am Marktplatz, mit dem Warkaus-sali, wo große Konzerte stattfinden. Modern-funktionelle Einrichtung. ●●

Heinävesi 7

Erstes Ziel in der Klöstergemeinde ist meist der idyllisch gelegene orthodoxe **Konvent Lintula** (Juni bis Aug.). 1895 im karelischen Kannas gegründet, wurde er 1946 nach Heinävesi verlegt. Ein klostereigenes Schiff pendelt zum orthodoxen **Kloster **Neu Valamo** (1940), einem modernen Wallfahrtsort mit einem 200-Betten-Hotel (Valamontie 42, Tel. 017-570 1511, www.valamo.fi; ●●). Per Schiff gelangt man sogar bis Kuopio › S. 112 (www.mspuijo.fi).

8 *Savonlinna 8

Die Stadt (27 800 Einw.) war in der Vergangenheit Schauplatz vieler Schlachten. Sinnbild dafür ist die Burg *****Olavinlinna.** 1475 von den Schweden als Grenzbollwerk erbaut, war sie häufig Angriffsziel der Russen. 1742 fiel sie in zaristische Hand. Ruhe kehrte erst ein, nachdem Finnland russisches Großfürstentum geworden war. In der Folgezeit verfiel die Burg. Erst die Republik Finnland verhalf Olavinlinna zu neuem Glanz. Reizvoll ist die Besichtigung der Burg (tgl. 10/11–16, Juni–Mitte Aug. 10–18 Uhr) sowie ein Bummel durch das malerisch auf Inseln gelegene Städtchen.

Freunde der Oper sollten unbedingt die **Opernfestspiele** erleben › S. 45, eines der berühmtesten europäischen Musikfestivals. **Die Stimmung bei den Freilichtaufführungen am Saimaa-See ist einmalig.**

Ech gi

Info

Savonlinna Travel Ltd.
Puistokatu 1][Tel. 0600-300 07
www.savonlinna.travel

Hotel

Savonlinnan Seurahuone
Kauppatori 4–6][Tel. 015-202 02
www.sokoshotels.fi
Direkt am Marktplatz, einige Zimmer mit Seeblick, gutes Restaurant. ●●

Restaurant

Linnakrouvi
Linnankatu 7][Tel. 015-576 9124
www.linnakrouvi.fi
Gourmet-Sommerrestaurant in einem alten Holzhaus. ●●

**Punkaharju 9

Der 7 km lange Moränenrücken zwischen den Seen Pihlaja- und Puruvesi gehört zu Finnlands bekanntesten landschaftlichen Attraktionen (unbedingt die alte Straße, *vanha tie*, nehmen). 25 m unter dem Moränensand überrascht dort in beleuchteten Höhlen das Kunstzentrum ****Retretti** mit 5000 m² unter- und oberirdischer Ausstellungsfläche (Juni–Ende Aug. 10 bis 17 Uhr, www.retretti.fi).

Im Dorf Punkaharju informiert das hochmoderne **Forstmuseum Lusto** über Holz und Wald.

Unterkunft

Punkaharjun Lomakeskus
Tel. 029-007 4050
www.punkaharjunlomakeskus.fi
Ferienzentrum mit Hotel in einem schmucken Holzgebäude, Ferienwohnungen und Campingplatz. ●●–●●●

Opernfestspiele in Savonlinna

Kerimäki 10

In der ländlichen 6000-Einwohner-Gemeinde sorgt die weltgrößte ***Holzkirche** für Staunen: 45 m lang, 42 m breit, 27 m hoch, fasst sie 3000 Besucher. Angeblich war der Bauplan in Fuß berechnet, die Bauleute lasen dies als Meter …

Mikkeli 11

Zweimal errichtete Marschall Mannerheim sein Hauptquartier in der Stadt (48 600 Einw.). In einer Schule, heute **Museum,** ist sein Arbeitsraum zu besichtigen. Kinder lieben **Visulahti** › S. 22.

Shopping

Finnlands größtes hölzernes Pfarrhaus wandelte sich zum **Kunstgewerbezentrum Kenkävero,** mit Verkauf; schöner Garten. **Pursialankatu 6.**

9 Für **Kanutouren im Wasserlabyrinth des Saimaa** ist Mikkeli ein guter Ausgangspunkt. Östlich der Stadt, in **Anttola** (Bus-

se), liegt ein Camp von **Wild Canoe.** Auch Familien und Ungeübte können Ausrüstung für Touren von 5 bis 225 km bis zur Ostsee mieten. Geführte Trips ab 3 Pers., Unterkünfte in Hütten oder Zelten. Info: Wild Canoe, Lakeistenranta Camping, Tel. 0400-160 989, www.wildcanoe.com).

Info

Mikkeli Tourist Information
Savilahdenk. 8][Tel. 044-794 5669
http://visitmikkeli.fi

Hotel

Anttolanhovi
Hovintie 224][52100 Anttola
Tel. 0207-575 200
www.anttolanhovi.fi
Edles Gutshaushotel 25 km südlich von Mikkeli; Ferienhäuser (rustikal oder hypermodern) am Saimaa-Seeufer. ●●●

Restaurant

Gutshof Tertin Kartano
Norola (7 km östl.)][Tel. 015-176 012
www.tertinkartano.fi
Köstliche regionale Spezialitäten. Auch fünf schmucke Zimmer. ●●

Kajaktour auf dem Saimaa

Nightlife

Bar'n Night Vaakuna
Porrassalmenk. 9][Tel. 015-20 201
Die Adresse für Partys und die Stars der finnischen Musikszene (Mi, Fr, Sa).

Värtsilä 12

Die Grenzstation nach Russland lebt vom Güter- und Personenverkehr, der in den letzten Jahren deutlich anstieg. Den 3 km breiten Grenzstreifen, der nicht betreten werden darf, kündigen gelbe Warnschilder (*rajavyöhyke* beschriftet), im Wald gelbe Streifen auf Baumstämmen an.

Hier, im karelischen Grenzland, lebt die orthodoxe Tradition fort. Sie zeigt sich in dörflichen Sakralbauten wie der **Tsasouna** (orthodoxe Kapelle mit byzantinischen Stilelementen) im nördlich gelegenen **Mutalahti** (40 km). Und hier behaupteten sich die altüberlieferten, andernorts als Teufelswerk verketzerten *Runen* gegen abendländische Kultureinflüsse.

Joensuu 13

Früher versinnbildlichten die Flöße auf dem Pielisjoki die Zukunft der Stadt (72 000 Einw.), die Zar Nikolai I 1848 gründete. Heute ist die Universität Voraussetzung dafür, dass der Fluss nicht die Jungen mitnimmt in die Welt, wie man sagt. Das Zentrum der östlichsten EU-Region stellt sich der Nachbarschaft zum russischen Teil Kareliens. Dies wird deutlich im **Carelicum,** dem Einkaufs- und Kulturzentrum der Stadt. Hier ist auch das ***Nordkarelische Museum** (Koskikatu 5, Mo–Fr 10–17, Sa, So 10–15 Uhr) mit einer interessanten Dokumentation örtlicher Traditionen untergebracht.

Info

Karelia Expert Matkailupalvelu Oy
Koskikatu 5][Tel. 0400-239 549
www.visitkarelia.fi

Hotel

Aada
Kauppakatu 32][Tel. 013-256 2200
www.hotelaada.fi
In der Stadtmitte, helle, freundliche Räume. Eigenes Restaurant, günstige Sommerpreise, oft gut gebucht. ●●

Restaurant

Ravintola Kerubi
Siltakatu1][Insel Ilosaari
Tel. 013-129 377][www.kerubi.fi
Modernes Lokal in Kulturzentrum Karjalantalo. Ideenreiche Marktküche. ●●

Ilomantsi 14

Der Ort (6100 Einw.) zeigt schon in seinem Wappen mit den drei Kantelen seine Berufung als Hort karelischen Brauchtums. Dieses gewinnt in der Musik kraftvollen Ausdruck. Sehr anschaulich und schön dokumentiert sieht man es – und hört es live – im ***Parppeinvaara Traditionsdorf** mit dem Runensängerhaus, dem *Runonlaulajan Pirtti.

Info

Karelia Expert Matkailupalvelu Oy
Kalevalantie 13][Tel. 0400-240 072
www.visitkarelia.fi

Hotels

■ **Pääskynpesä**
Henrikintie 4][Tel. 0400-357 200
www.paaskynpesa.fi
Wellnesshotel mit Restaurant sowie Kanu- und Fahrradverleih. ●●

■ **Anssilan maatila**
Anssilantie 7][3 km vom Zentrum
Tel. 040-543 1526
www.ilomantsi.com/anssila
Unterkunft auf dem Bauernhof in herrlicher Berg- und Seenlandschaft. ●

Am Pielinen

Lieksa 15

Umgeben von unberührter nordischer Natur ist Lieksa (13 000 Ew.) mit 4087 km² eine der flächenmä-

»Sohn der Wälder will ich sein«

Diese Worte von Aleksis Kivi sagen mehr über die Beziehung seiner Landsleute zum Wald aus als Zahlen: Wald überzieht ca. 70 % der Landesfläche, seine Bewirtschaftung trägt über 30 % zum Außenhandel bei und sichert ca. 10 % der Bevölkerung das Einkommen. Nach Angaben der Papierindustrie beträgt der jährliche Holzeinschlag zwischen 50 und 70 Mio. m^3, der Nachwuchs 180 Mio. Doch sind Finnlands Wälder in den Brennpunkt der Umweltdebatten gerückt, u.a. angesichts weit herangetragener Schadstoffe. In Finnland, das jedes vierte Blatt Papier der Welt erzeugt, hat sich die Industrie hohen Umweltschutzauflagen gebeugt und Forstbetriebe setzen auf Waldschonung.

ßig größten Städte des Landes. Hofansichten aus vier Jahrhunderten bietet hier das **Pielisen Museo, Echt gut! **Finnlands bestes Freilichtmuseum mit mehr als 70 karelischen Gebäuden.** Zudem veranschaulicht es die harte Arbeit im Wald und beim Bau der teils erstaunlich großen Blockhäuser (Pappilantie 2, Gelände Mitte Mai–Mitte Sept. Mo–So 10–18 Uhr, Hausmuseum Winter Di–Fr).

Info

Tourismusbüro
Rantalantie 6][Tel. 040-104 4000
www.lieksa.fi

Hotel

Pielinen
Vuonislahti, 37 km vor Lieksa
Tel. 045-264 0303
www.hotellipielinen.com
Familienhotel am See Pielinen, im Sommer Bootsausflüge. ●

Restaurant

Kestikievari Herraniemi
Vuonislahdentie 185
28 km vor Lieksa][Tel. 013-542 110
www.herranniemi.com
Karelisch ländliche Küche am Ufer des Pielinen. Auch Übernachtung und Wellnessangebote. ●

Ausflug zu den **Ruunaa-Stromschnellen

Am Südrand von Lieksa zweigt eine Straße zu den bekannten Stromschnellen (30 km nordöstl.) ab. Im Sommer kann man mit Schlauchbooten und Flößen auf 38 km sechs tosende Stromschnellen (3–4 Std.) durchfahren.

Info – Unterkunft

Neitikoski – Ruunaa Hiking Centre
Tel. 013-533 170
www.sabimark.fi/neitikoski
Wander-Wildnis-Zentrum mit Infostelle, Verleih von Angelausrüstungen, Kanus, Organisation von Bootstouren auf den Stromschnellen. Unterkunft in gemütlichen Hütten (●); Restaurant. 50 km markierte Wege.

Nurmes 16

Highlight der hübschen Kleinstadt (8600 Einw.) ist ein **karelisches Dorf** mit idyllischen Holzhäusern und dem ****Bombantalo**. Dieses 1855 von Jegor Bomba errichtete Gebäude stand einst im russischen Dorf Kuikkaniemi. 1934 abgerissen und 1978 in Nurmes wieder aufgebaut, führt es karelische Holzhausarchitektur und die Lebensweise einer bäuerlichen Großfamilie des 19. Jhs. vor Augen. Stilvoll wird es heute als **Restaurant** (tgl., ●●) geführt.

Info

Karelia Expert Matkailupalvelu Oy
Kauppatori 3][Tel. 050-336 0707
www.kareliaexpert.fi

10 Auf den Berg ***Ukko-Koli 17

Bei Juuka erhebt sich am Ufer des Pielinen (868 km²) die prächtige Landschaft des **Koli**. Schon vor 100 Jahren war sie ein bekanntes Reiseziel. Dem Einfluss von Malern wie Eero Järnefeldt und dem Komponisten Jean Sibelius › S. 40 ist ihre Würdigung als finnische Nationallandschaft zu verdanken. Der majestätische Berg **Ukko-Koli**

(347 m) spiegelt sich zusammen mit **Akka-Koli** (339 m) und **Paha-Koli** (334 m) im See. Der Aussichtspunkt ist mit dem Auto leicht zu erreichen. Vom Parkplatz überwindet eine Seilbahn die letzten 40 Höhenmeter. Das Besucherzentrum am Gipfel informiert über den kleinen, von der EU für nachhaltigen Tourismus ausgezeichneten Nationalpark (tgl. 10–17 Uhr; www.koli.fi). Alternativ kann man sich den Paradeblick über die nordische Bilderbuchlandschaft auch über einen 8 km langen Pfad erwandern.

Unterkunft

Hattusaaren rantamajat
Hattusaari 42][Koli
Tel. 0400-341 578
www.hattusaarenrantamajat.net
Ferienhäuser auf einer Landzunge, idyllische Lage direkt am Wasser. ●●

*Kuhmo 18

Die Kleinstadt (9800 Einw., www.wildtaiga.fi) gilt als herausragendes Kalevala-Zentrum Finnlands. Das 4 km außerhalb gelegene Erlebnisdorf **Kalevalakylä** mitten in der unberührten Natur umfasst einen Themenpark mit Restaurant, Campingplatz und Hütten, wo man in die finnische Sagenwelt eintauchen kann (Juni–Mitte Aug., www.kalevalaspirit.fi). Im Sommer werden oft Konzerte und Tanzabende veranstaltet

Das unter Anwendung tradtioneller Holzbauweise errichtete moderne Kulturzentrum **Juminkeko** informiert mit multimedialer Technik über Elias Lönnrots »Kalevala« und karelische Kultur. Zudem zeigt es Kunstausstellungen (Mo–Do 12–18, im Juli tgl., www.juminkeko.fi/en)

Im **Naturzentrum Petola** können Besucher Finnlands (Raub-) Tierwelt kennenlernen – zwar nicht live, aber in ausführlichen Dokumentationen über Bären, Wölfe, Luchse, Füchse und Vielfraße (Lentiirantie 342, Juni–Aug. tgl. 9–17, sonst Mo–Fr 9-16 Uhr).

Im Juli füllt das **Kammermusikfestival** die Stadt mit Musikfreunden (www.kuhmofestival.fi).

Hotel

Hotelli Kalevala
Väinämöinen 9][Tel. 08-655 4100
www.hotellikalevala.fi
Originelles Hotel (Abb. S. 29) in der Form eines Adlers. Bezaubernde, ruhige Lage am See Lammasjärvi. ●●●

Panoramablick vom Ukko-Koli

Iisalmis orthodoxes Kloster Evakkokeskus ist zugleich ein Hotel

Iisalmi 19

Der Name der Stadt (22 000 Einw.) bedeutet auf Sámisch »Nacht« – wohl weil Durchreisende an ihrer Bucht übernachteten. Ein Brauch, dem man folgen sollte: Wo sonst empfängt einen an der Rezeption ein orthodoxer Priester? ****Evakkokeskus** ist Kirchenzentrum und Hotel zugleich (Kyllikinkatu 8, tgl. 10–16 Uhr; › Hotel Artos).

Als Pausenraum für Eisenbahner entstand 1907 das angeblich kleinste Lokal der Welt: Das ***Kuappi** bietet auf 8 m², davon 3,6 m² »Saal«, zwei Gästen Platz zum Biertrinken. Auf der Terrasse wartet ein Tisch mit zwei Stühlen. Speisen kommen vom Restaurant nebenan (Tehtaantie 1, Juni/Juli Mo–Sa 13–19 Uhr; ●). Iisalmi ist auch Heimat des Bieres »Olvi«. Sozusagen historischen Bierdurst stillt das **Brauereimuseum** am Hafen (Mo–Fr 10–15 Uhr).

Info

Tourist Information
Markthalle][Kauppakatu 14
Tel. 017-272 3223][www.iisalmi.fi

Hotels

■ **Hotel Artos**
Kyllikinkatu 8][Tel. 017-812 244
www.hotelartos.fi
Dem Kirchenzentrum Evakkokeskus angeschlossen; schlichte Zimmer. ●●

■ **Sokos Hotel Koljonvirta**
Savonkatu 18][Tel. 017-192 6000
www.sokoshotels.fi
Traditionelles Haus mit frischen Akzenten. Beliebte Restaurants für Familien, Pub, Nachtclub BePop (Mi, Fr, Sa). ●●

■ **Haapaniemen Matkailu**
Haapaniementie 165
Tel. 0500-207 700
www.haapaniemenmatkailu.fi
Nette, moderne Zimmer in stattlichem Holzhaus, auch Hütten am Wasser. ●●

Bei Oulu durchstreift eine Rentierherde den winterlichen Wald

Lappland

Nicht verpassen!

- In Rovaniemi dem Weihnachtsmann persönlich den Wunschzettel überreichen
- Von Kilpisjärvi zum Dreiländereck Finnland–Schweden–Norwegen wandern
- In Inari und Hetta die jahrtausendealte Kultur der Samen kennenlernen
- Im Nationalpark Lemmenjoki die beruhigende Einsamkeit der stillen Natur spüren

Zur Orientierung

Auf dem Marktplatz in Oulu

Wo es mehr Rentiere als Einwohner gibt – da ist Lappland. Ewige Weiten und das magische Gefühl, eins zu sein mit der Natur. Die Einwohnerdichte liegt bei zwei Personen pro Quadratkilometer – in der letzten Wildnis Europas, dem Gebiet der Sámi › S. 38, wo auch Elch und Bär zu Hause sind, u. a. in riesigen Nationalparks wie Urho Kekkonen oder Lemmenjoki. Im Sommer genießt man die Mitternachtssonne – monatelang. Im Winter spielen die Nordlichter am Himmel. Die lange Nacht erhellt glänzender Schnee. Wintersportgebiete wie Ylläs, Ruka und Levi locken während der Skisaison. Im Sommer sind Wanderungen, Kanutouren, Angeln und sogar Goldwaschen angesagt.

Rovaniemi, Lapplands Hauptstadt, kennen alle kleinen und großen Finnen als die Heimatstadt des Weihnachtsmanns. Reisende können ihn im Joulupukin Pajakylä, dem Weihnachtsmann-Dorf, besuchen. Die Stadt am Polarkreis ist ein idealer Ausgangspunkt für Touren, da gut erreichbar mit dem Flugzeug von Helsinki aus oder auch mit Bus oder Bahn von anderen Landesteilen.

Wer in Lappland reist, muss Geduld mitbringen. Hier ticken die Uhren noch anders. Keiner hat es eilig. Wege und Fahrten sind lang. Im Falle einer Panne kann man sicher sein, dass der Nächste, der des Weges kommt, vielleicht nicht viel redet, aber auf jeden Fall hilft.

Touren in Lappland

Fjällweg der vier Winde

—17— Oulu › Tornio › Muonio › Enontekiö › Kilpisjärvi › Muonio › Kittilä › Rovaniemi

Dauer: 5 Tage (1615 km)
Praktische Hinweise: In Lappland sind die Entfernungen weit, das heißt, auch bei dieser Auto- oder Campertour gilt es aufzupassen, dass der Tank nicht plötzlich leer wird.

Die Tour vermittelt einen Eindruck von der nördlichen Küste des Bottnischen Meerbusens, und verläuft dann an den Grenzflüssen entlang zum Dreiländereck. Abseits der Hauptstrecke lassen sich Lapplands Fjäll-Landschaften näher erkunden.

In ***Oulu** › S. 129 schlendern Sie durch Finnlands bunteste Fußgängerzone, den lebhaften Rotuaari. Jenseits des Simojoki erreichen Sie nach kurzer Fahrt **Kemi** › S. 130, wo es den Eisbrecher »Sampo« zu erkunden gibt und jedes Jahr ein Eisschloss mit Hotel gebaut wird. **Tornio** › S. 131 liegt an der Grenze zu Schweden – jenseits Haparanda. Bei **Juoksenki** quert man den Polarkreis. Nach Norden begleitet eine landschaftlich reizvolle Nebenstraße den Tornionjoki, in den bei **Lappea** sprudelnd der Muonionjoki mündet. Wieder auf die Hauptstraße stößt man in **Kolari.** Der Ort liegt nahe der Wintersportregion **Ylläs** › S. 132, wo man übernachtet.

Am Tag darauf fährt man über **Muonio** › S. 131 in die Landgemeinde **Enontekiö** › S. 131. Sie reicht bis **Kilpisjärvi** im Dreiländereck mit Schweden und Norwegen, wo es sich lohnt 1–2 Tage für Wanderungen einzuplanen.

Auf dem Rückweg machen Sie bei **Palojoensuu** (Straße 958) einen Abstecher in das typische Sámi-Kirchdorf **Hetta** › S. 132. Hier beginnen Wildmarkrouten durch den 1020 km² großen **Nationalpark Pallas-Yllästunturi.** In Muonio zweigt die Straße zum sportlich und künstlerisch interessanten **Kittilä** › S. 132 ab. Von dort erreichen Sie in 1 Std. ****Rovaniemi** › S. 126 – der Weihnachtsmann am ****Polarkreis** › S. 128 ist nun nicht mehr weit.

11 Durch Lapplands Goldgebiete

(18) Rovaniemi › Sodankylä › Inari › N. P. Lemmenjoki › Utsjoki › Sodankylä › Pelkosenniemi › Kemijärvi › Kuusamo › Posio › Rovaniemi

Dauer: 5–7 Tage (1288 km)
Praktische Hinweise: Nur mit Auto, Camper oder Motorrad lässt sich die Strecke bequem bewältigen. Wer die Nationalparks und Sámi-Wohngebiete eingehender kennenlernen will, muss zusätzliche Tage einplanen. Als Übernachtungsorte bieten sich Saariselkä, Inari, Kemijärvi und Kuusamo an. Meist hat man bei Unterkunftsadressen Auswahl, in Karigasniemi ist das Gasthaus Kalastajan Majatalo (Tel. 040-484 8171, www.hansabar.fi, ●●) die Empfehlung, weiter nördlich das Feriendorf Nuorgamin Lomakeskus direkt am Fluss Tenojoki (Nuorgamintie 4401A, 99990 Nuorgam, Tel. 0400-294 669, www.nuorgaminlomakeskus.fi; Hütten und Camping, ●●).

In ****Rovaniemi** › S. 126 beginnend, führt die Tour über die Eismeerstraße in den äußersten Norden. Auch weckt sie Erinnerungen an den Goldrausch, der hier vor 130 Jahren ausbrach.

Von der Abzweigung am Vikajärvi-See begleitet die Eismeerstraße den Raudanjoki bis **Sodankylä** › S. 133. 17 km vor dem Ort mag ein Abstecher in das Fjällgebiet

Berlevåg, Batsfjord
Vardø
Berlevåg, Vardø
Sørøy
Olderfjord
Nuorgam
Murmansk
Kirkenes
Utsjoki
Nikel
Sevettijärvi
N O R W E G E N
Alta
Karigasniemi
Karasjok
Padun
Halti 1328
Kaamanen
Inarijärvi
Inari Anár
Murmansk
Ivalo Avvil
Kautokeino
Menesjärvi
Kaunispää
Raja-Jooseppi
Kilpisjärvi
Lemmenjoki
Saariselkä
438
N.P. Lemmenjoki
N.P. Urho Kekkonen
Tankavaara
Enontekiö (Hetta)
Vuotso
Mutenia
Palojoensuu
Lokan tekojärvi
Muonionjoki
N.P. Pallas-Yllästunturi
Porttipadan tekojärvi
Muonio
Levi 531
Narvik
Ylläs 740
Kittilä
Sodankylä
Kihlanki
Ylläsjärvi
Tenniöjoki
Luosto 514
Pelkosenniemi
Svappavaara
Torneälven
Kolari
Pyhätunturi 540
Salla
Lappea
Kemijärvi
R U S S L A N D
Gallivare
N.P. Oulanka
Pello
Suomutunturi
Rovaniemi
Nissinvaara
Juoksenki
Aavasaksa 242
Posio
Nördl. Polarkreis
Kuusamo
Ylitornio
Heden
Kemijoki
Ranua
Zoo
F I N N L A N D
Tornio
Kemi
Boden
Simo
Luleälven
Luleå
Pudasjärvi
Suomussalmi
Meerbusen
Haukipudas
Piteå
Hailuoto
Oulu
Puolanka
Kempele
S C H W E D E N
Vaala
Paltamo
Raahe
Oulujärvi
Kuhmo
Skellefteå
Vuolijoki
Kajaani
Kalajoki
Ylivieska
Nurmes
Kärsämäki
Kokkola Karleby
Bottnischer
Ulmeå
Bjurholm
Pietarsaari Jakobstad
Lappland
0
100km
N
Stockholm
Vaasa
Vaasa
1
2
3
4
5
6
7
8
9
10
11
12
13
14
15

Luosto › S. 133 reizen, im Winter ein beliebtes Wintersportgebiet. Im Sommer ist dort Europas einzige *Amethystmine zugänglich.

Weiter geht es nach ***Vuotso.** Ehe die Straße durch Moor- und Sumpfland ansteigt, lohnt sich hier ein Stopp im Sámi-Dorf am Stausee Lokka. Es erläutert die Rentierwirtschaft und zeigt eine Ausstellung unverfälschter Sámi-Handarbeiten. Die Eismeerstraße streift nun den ***Urho-Kekkonen-Nationalpark** › S. 137. Finnlands zweitgrößtes Schutzgebiet bietet mit Naturzielen, z. B. dem Luiro-See, und Sehenswürdigkeiten wie verlassenen Sámi-Dörfern aus den 1940er-Jahren große Vielfalt. In ***Tankavaara** › S. 133 dokumentiert ein Goldgräberdorf die Geschichte der Suche nach dem Gold, von dem heute Touristen das eine oder andere Körnchen finden können.

Auf der Weiterfahrt wandelt sich die Vegetation. Zwergbirken und Krüppelkiefern beherrschen die tundraartige Landschaft. Neue Ferienzentren entstehen in den Einöden. Das Gebiet von **Saariselkä** › S. 133 ist Lieblingsziel von Finnlands Jetset. Bald erreicht man **Ivalo** (sám. **Avvil**) › S. 134, Verwaltungszentrum der Gemeinde Inari. Im Ort zweigt eine Straße zum nördlichsten Grenzübergang nach Russland, Raja-Jooseppi, ab.

Die »Finnvier« führt weiter zum Kirchdorf **Inari** (sámisch **Anár**) › S. 134. Es liegt an der Mündung des fischreichen Juutuanjoki in den **Inari-See.** Mit dem Wasserbus kann man Ausflüge zur Insel **Ukonkivi** unternehmen. Sie ist alte Sámi-Kultstätte für den Gewittergott Ukko.

Die für Angler und Wanderer reizvolle Nordschleife der Tour führt nach **Karigasniemi,** um danach dem Tenojoki bis **Utsjoki,** dem Tor zum Naturpark Kevo (30 km südl.), zu folgen. Es ist Finnlands nördlichste Gemeinde, **Nuorgam** das nördlichste Dorf.

Von der bekannten Strecke weicht der Rückweg erst in **Sodankylä** › S. 133 ab: Über die Straße 5 geht es über **Pelkosenniemi** › S. 135 nach **Kemijärvi** › S. 135. Bei Finnlands nördlichster Stadt ergießt sich der 510 km lange Kemijoki in den pittoresken Kemijärvi. Das Skigebiet **Suomutunturi** › S. 135 zur Rechten, den ***Nationalpark Oulanka** › S. 136 zur Linken nähert man sich dem See Kitkajärvi. **Kuusamo** › S. 135, die südlichste Station, zählt landschaftlich noch zu Lappland. Sie ist Ziel vieler Kanuten, Wanderer und Angler. 10 km nördlich, in Nissinvaara, zweigt die Straße 81 nach **Posio** ab. Auf dem Rückweg nach ****Rovaniemi** bietet sich dort Shopping in der Keramikfabrik **Pentik** › S. 128 an.

(17)

Fjällweg der vier Winde Oulu › Tornio › Muonio › Kilpisjärvi › Enontekiö › Kittilä › Rovaniemi

(18)

Durch Lapplands Goldgebiete
Rovaniemi › Sodankylä › Inari › N. P. Lemmenjoki › Utsjoki › Sodankylä › Pelkosenniemi › Kemijärvi › Kuusamo › Posio › Rovaniemi

Unterwegs in Lappland

12 **Rovaniemi 1

Bühne zur Arktis – Sterne und Nordlicht sind die Scheinwerfer über diesem Tor zu Lappland. Rovaniemis älteste ständige Besiedlung datiert ins 11. Jh. Eine wilde Aufbruchszeit erlebte die Stadt, als im 19. und Anfang des 20. Jhs. der Reichtum des Waldes und die Versuchung des Goldes Abenteurer, Händler und Waldarbeiter in den Norden lockten. 1944 brannte die Stadt im Lapplandkrieg fast vollständig ab. Alvar Aalto gestaltete nach 1945 das neue Stadtbild, mit einem Straßenplan in der Form eines Rentiergeweihs. 1960 erhielt Rovaniemi (59 000 Einw.) als Verwaltungszentrum der Provinz Lappland Stadtrechte und ist heute der wirtschaftliche und kulturelle Mittelpunkt der Provinz.

Stadtrundgang

Der Spaziergang (4 km, 3 Std.) beginnt am Zusammenfluss von Kemijoki und Ounasjoki, wo das noch junge Wahrzeichen der Stadt, die ***Jätkänkynttilä-Brücke** (Holzfällerkerzenbrücke) A die Stromschnellen überspannt.

Am Ounasjoki-Ufer liegt das moderne ****Arktikum** B. Hier informieren zwei hervorragende Ausstellungen über die Welt nördlich des Polarkreises (Juni–Aug. tgl. 9–18, sonst Di–So 10–18 Uhr, www.arktikum.fi).

Sobald man wieder in die modernen Häuserzeilen eintaucht, umfängt einen lautes urbanes Leben. Einkaufszentren und Hotels konzentrieren sich an und nahe der Fußgängerzone **Koskikatu.**

Das **Kunstmuseum** C (Lapinkävijäntie 4) zeigt Werke finni-

Wahrzeichen des neuen Rovaniemi: die Holzfällerkerzenbrücke

Karte Seite 127

scher, oft lokaler Künstler in wechselnden Austellungen.

Weiter südlich, in Hallituskatu, hat Aalto als prägnante Visitenkarte den Komplex des ***Verwaltungs- und Kulturzentrums** Ⓓ mit Kongresshalle (Lappia-Haus), Bibliothek und Rathaus hinterlassen. Zwischen den Gebäuden symbolisiert Kain Tappers gewaltiges **Felsmonument** die »Geburt der Berge« (1988) Lapplands Wiederauferstehung nach den Zerstörungen des Lapplandkriegs.

Herrliche Eindrücke von der Umgebung so nahe am Polarkreis vermitteln die vielfältigen Safari- und Erlebnistouren ab Rovaniemi. Rustikal sind Fahrten zu Rentierfarmen, im Winter mit Rentier- oder Pferdeschlitten über das Eis (www.lapinsafarit.fi).

Info

Tourist Information
Maakuntakatu 29–31
Tel. 016-346 270
www.visitrovaniemi.fi
Regional: www.laplandfinland.com

Unterkunft

■ **Hotel Rantasipi Pohjanhovi**
Pohjanpuistikko 2][Tel. 016-337 11
www.rantasipi.fi
Außen nüchtern, innen behaglich und komfortabel, ferner eine Topadresse für Sport und Nightlife: großes Tanzrestaurant, Karaoke und Disco. ●●●

■ **Santa's Hotel Santa Claus**
Korkalonkatu 29][Tel. 016-321 321
www.santashotels.fi
Schickes, teils neu gestaltetes Hotel in der Innenstadt, mit drei Restaurants und guter Weinkarte. ●●●

■ **Feriendorf Ounasvaaran Pirtit**
Skizentrum Ounasvaara
Tel. 016-333 0100
www.ounasvaaranpirtit.fi
Mökki-Urlaub stadtnah: über 50 komfortable Holzhäuser bei Rovaniemi. ●●

■ **Santa Sport**
Hiihtomajantie 2][Ounasvaara
Tel. 020-798 4222
www.santasport.fi
2 km von der Ortsmitte Unterkunft in Hütten oder Zimmern für 1–4 Personen beim Sportinstitut Santa Sport. ●

Restaurants

■ **Lapland Hotel Sky Ounasvaara**
Ounasvaara][Tel. 016-32 34 00
Finnlands Gourmets loben das Aussichtsrestaurant wegen bester regionaler wie internationaler Speisen. ●●●

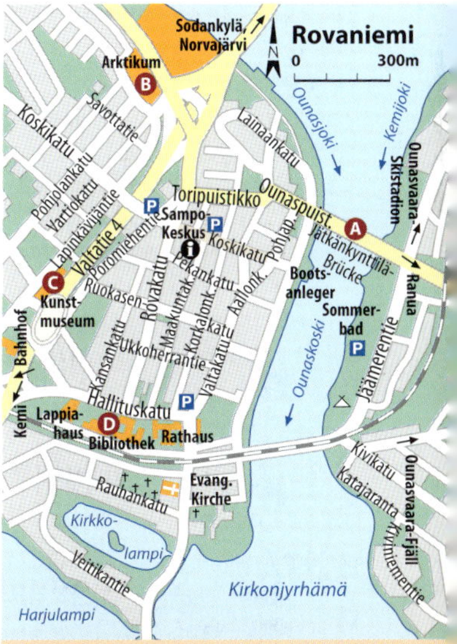

Ⓐ Jätkänkynttilä-Brücke
Ⓑ Arktikum
Ⓒ Kunstmuseum
Ⓓ Verwaltungs- und Kulturzentrum

■ **Nili**
Valtakatu 20][Tel. 0400-369 669
Felle und andere rustikale Deko schaffen hier die Atmosphäre für Spezialitäten aus Lappland. So geschl. ●●

■ **Cafe Toivo**
Ruokasenkatu 8][Tel. 040-356 2097
Sympathisches modernes Café, das mittags köstlich frische Imbissgerichte serviert. Mo–Fr 9–16 Uhr. ●

Echt gut!
Shopping in Lappland

■ **Marttiinin Wanhatehdas**
Vartionkatu 32][96101 Rovaniemi
Tel. 040-311 0604
www.marttiini.fi
Marttiini-Messer, beliebt bei Fischern, Jägern und Wanderern, sind nicht nur von höchster Qualität, sondern auch Sammlerstücke. Hier kaufen Sie ab Fabrik (Mo–Fr 10–16, Sa 10–16 Uhr).

■ **Pieni Kaivoskauppa**
Laukontie 2][99600 Luosto
Tel. 016-624 334
www.amethystmine.fi
Im »Kleinen Minenladen« faszinieren schöner Schmuck und Steine aus Europas einziger Amethystmine › S. 133 (Mo–Sa 10–18 Uhr).

■ **Hetta Silver**
Rivihalli 1][99400 Hetta/Enontekiö
Tel. 040-762 2063
www.hettasilver.com
Schmuck nach Sámi-Motiven.

■ **Pentik Centre**
Maaninkavaarantie 5
97900 Posio][Tel. 020-722 0200
www.pentik.com
In der Keramikfabrik findet man eine bunte Auswahl an schönem Geschirr 1. und 2. Wahl, Ausstellungen zu Design und ein Café (tgl. 10–17/19 Uhr).

Nightlife

Im **Tanzbodenlokal Valdemari** bei der Holzfällerkerzenbrücke kann man sommers den Tag in der Atmosphäre der nicht untergehenden Sonne ausklingen lassen. Wer nachts ausschwärmt, begegnet in Rovaniemis Nachtclubs und Diskos einer Lebenslust, die viele im hohen Norden nicht vermuten. Eine Kultadresse, das skurrile **Rocktaurant** der Metal-Rockband Lordi (**Koskikatu 2, www.rocktaurant.com, ●–●●**), ist allerdings derzeit geschlossen.

Polarkreisrunde

Jährlich machen sich über 600 000 Touristen aus aller Welt von Rovaniemi zum Polarkreis auf. Die 8 km nach Norden, eine Distanz, die man auch zu Fuß oder mit dem Fahrrad zurücklegen kann, sollte man im **Arktikum** › S. 126 beginnen, wo die geografische Situation bildhaft wird.

Auf halber Strecke liegt dann der ***Santa Park** (Ende Nov. bis Anf. Jan., Mitte Juni–Mitte Aug., www.santapark.com). In der tiefen Felsenhöhle lassen sich die arktischen Jahreszeiten mit allen Sinnen erfassen und erleben.

Am ****Polarkreis** 2 angekommen, können Sie die magische Linie auf 66° 33' 07" überschreiten und sich dies bei der Touristeninformation und in einigen Souvenirgeschäften beurkunden lassen. Sehenswert im **Santa Claus' Village** (Joulupukin Pajakylä) ist das **Postamt des Weihnachtsmannes** und seine märchenhafte Kammer, in der er zu Fototerminen präsent ist (www.santaclausvillage.info).

Ranua 3

Der nördlichste *Tierpark der Welt ist die das ganze Jahr über spannende Attraktion im kleinen Ranua (5300 Einw.), 80 km südöstl. von Rovaniemi. Mehr als 60 Tierarten des arktischen Raums sind hier zu entdecken (www.ranuawildlife.com, › S. 22).

Am ersten Augustwochenende feiert Ranua ein kulinarisches Fest, wenn auf dem **Moltebeerenmarkt** die Händler der *lakka, hilla* oder *suomuurain* genannten Beere zusammenkommen.

*Oulu 4

Auf dem Weg nach Norden bietet sich ein Halt im lebhaften Oulu (Uleåborg; 141 000 Einw.) an. Die Hauptstadt einer eigenen Provinz liegt noch nicht in Lappland. Durch den Export von Holzteer, gewonnen aus den Wäldern des Binnenlandes, stieg sie zu einem bedeutenden Umschlaghafen auf. Heute begründen Universität und Hightechprodukte ihr Ansehen. Wissenschaft und Technik erklärt spielerisch und interaktiv das Wissenschaftszentrum ***Tietomaa** (Nahkatehtaankatu 6, Mo–Fr 10 bis 16/17, Sa, So 10–18 Uhr, www.tietomaa.fi).

Lebhaft geht es zu, wenn Mitte Juli über den gemütlichen Lokalen des ***Rotuaari,** Finnlands buntester Fußgängerzone, eine Knoblauchwolke wabert: Dann feiert Oulu die **Vampirnacht.**

Eine Besichtigung lohnen der **Dom** (1832, von C. L. Engel), das **Nord-Österbottnische Museum** auf der parkartigen Insel Ainola und das **Kunstmuseum.** Appetit macht ein Markthallen- und Marktplatzbummel westlich der Innenstadt. Zu empfehlen ist ferner ein Ausflug zur meist sonnigen ***Vogelinsel Hailuoto** (30 km, Autofähre gratis; www.hailuototourism.fi, www.finferries.fi).

Info

Fremdenverkehrsamt Oulu
Torikatu 10][Tel. 08-558 41330
www.oulutourism.fi

Hotels

- **Sokos Hotel Eden**
Holstinsalmentie 29
Tel. 020-123 4603
www.sokoshotels.fi
Großes Wellness- und Konferenzhotel bei Nallikari an breitem Sandstrand. Schöne Restaurantterrasse. ●●●
- **Oulu Apartments**
Tel. 0600-308 057 (1,99 €/Min.)
www.ouluapartments.com/eng

Restaurant am Rotuaari in Oulu

Moderne Apartments in verschiedenen Häusern in zentraler Lage. ●●

■ **POHTO Hotel Kortteeri**
Vellamontie 12][Tel. 010-843 4500
www.pohto.fi
Zimmer in Managerschule in Meeresnähe bei Nallikari. Gemeinschaftsräume, Sauna. Ende Juni–Mitte Aug. ●

Restaurant

Uleåborg 1881
Aittatori 4–5][Tel. 08-881 1188
Gemütliches altes Lagerhaus, köstliche Fisch- und Wildgerichte. So geschl. ●●

Kemi 5

An der Mündung des Simojoki ins Meer entwickelte sich Kemi (22 800 Einw.), wo es am Kemijoki-Wasserkraftwerk eine Lachstreppe mit Sichtfenster gibt. Den ***Eisbrecher »Sampo«** erkunden kann man von Mitte Mai bis Mitte August (tgl. 10–18 Uhr; mit Café/Restaurant, ●●) und im Winter an Eisbrecherfahrten teilnehmen. Auch lockt alljährlich das **Eisschloss Lumilinna** mit Attraktionen (Ende Jan.–Anf. April tgl. 10 bis 19 Uhr; www.snowcastle.net).

Ein Erlebnis ganz anderer Art bietet die ***Edelsteingalerie** mit über 3000 kostbaren Steinen (Jan. bis Juni Mo–Fr, Juli–Dez. Di–Sa).

Info

Kemi Tourism
Valtakatu 26][Tel. 040-680 3120
www.kemi.fi

Restaurants

■ **Puistopaviljonki**
Urheilukatu 1][Tel. 016-223 110
Im Parkpavillon am Meer internationale Gerichte und Pizzas. ●●–●●●

■ **Café Miorita**
Valtakatu 5
Herrlich: die ofenfrischen pullas aus der eigenen Bäckerei. So geschl. ●

Lohi – kein Luxus der noblen Gesellschaft

Wem gehört der Lachs, der Jahr für Jahr aus dem Meer zu den Laichplätzen zurückkehrt? Eine wichtige Frage entlang der Grenzflüsse Muonionjoki und Tornionjoki, wo der Lachs neben Pelzen immer noch das wichtigste Exportprodukt ist. Über Jahrzehnte profitierten die schwedischen Fischer von den Gesetzen ihres Staates, die ihnen das einträgliche Fischen in den Buchten des Bottnischen Meerbusens gestatteten, während ihre finnischen Kollegen – per Gesetz am Fischen gehindert – an den Flussläufen leer ausgingen. Die Zeiten haben sich geändert. Lachs schwimmt noch im Überfluss die Jokis auf- und abwärts. Und die Köstlichkeit, die anderswo sehr ans Geld geht, wird in Tornio oder Rovaniemi oftmals preisgünstiger gehandelt als Rinderfilet.

Der echte Sportangler wird sich kaum mit den Teichen zufrieden geben, in denen der Lachs *(lohi)* meist eine Regenbogenforelle *(kirjolohi)* ist und zudem reiner Besatzfisch. Den echten *lohi* gilt es von Juni bis August in den Küstengewässern und Flüssen Lapplands zu ködern, ob mit Blinkern, Wobblern oder Fliegen. Doch ohne Angelschein geht nichts › S. 24. Petri Heil!

Ein ausgedehntes Straßennetz überzieht die Fjäll-Landschaft

Tornio 6

Die Stadt an der finnisch-schwedischen Grenze bildet mit Haparanda in Schweden eine Städtegemeinschaft (32 500 Einw.). Auf Tornios Golfplatz Green Line Närentie ist, weltweit einmalig, der Ball an einer Bahn zwischen Abschlag und Loch über 1 Stunde unterwegs – wegen der Zeitdifferenz zwischen den Staaten.

Beachtung verdienen in Tornio das **Aine-Kunstmuseum** (Torikatu 2) und die 1686 aus Holz erbaute **Pfarrkirche** mit ihrem freistehendem Glockenturm. An den **Stromschnellen von Kukkola** (ca. 15 km nördl.) sprudelt der Tornionjoki auf 3,5 km malerisch über die Felsen – ein schöner Platz zum Schauen, Angeln, Raften, Essen.

Info

Green Line Welcome Center
Pakkahuoneenkatu 1
Tel. 050-590 0562][www.tornio.fi

Restaurant

Kisälli – Kahvila Kaneli
Urheilukatu 6][Tel. 040-532 4979
Das Restaurant der Kochakademie serviert Mo–Fr mittags. Café ab 9 Uhr. ●●

Enontekiö 7

Die Großgemeinde Enontekiö (2000 Einw.) umfasst den Nordwestzipfel Finnlands mit einer Fläche von 8537 km². In dem über 1020 km² großen **Nationalpark Pallas-Yllästunturi,** der sich bis südlich **Muonio** erstreckt, sind herrliche Wildmarkwanderrouten markiert (www.outdoors.fi/pallasyllastunturinp).

Rundkuppige Fjälls begleiten den Weg, wenn man dem Muonionjoki flussaufwärts nach Nordwesten folgt. Der kleine Grenzort ***Kilpisjärvi** am Dreiländereck gehört noch zu Enontekiö. Hier herrscht vom 25. Mai bis 22. Juli nachtlose Nacht. Eine 11 km lange Wanderroute führt in die faszi-

Karte Seite 124

nierende Landschaft im Grenzgebiet von Finnland, Norwegen und Schweden. Etwa 30 km nordöstlichlich erhebt sich Finnlands höchster Berg **Halti** (1328 m).

Infos zu Wanderungen gibt das **Naturhaus Kilpisjärven Luontotalo** (Käsivarrentie 14145). Safaris in der Umgebung sowie zum Halti bietet z. B. **Kilpissafarit** an (www.kilpissafarit.fi).

Ein Abstecher von der Straße 21 auf die Landstraße 958 macht im Kirchdorf **Hetta** (noch Enontekiö) mit Sámi-Traditionen bekannt. Diese zeigt eine Ausstellung im Naturzentrum **Skierri**. Auf alten Mustern des Sámi-Handwerks basieren die Entwürfe von Hetta Silver › S. 128.

Die Sámi feiern in Hetta Ende März ihre **Marientage.** Dieses große Volksfest geht mit aufwendigen Familienfeiern wie Hochzeiten und Taufen einher.

Ruska

Wer im September zur Ruska-Zeit hoch im Norden reist, wird die Schönheit der Farbsinfonie, dieses Meer der Kupfer- und Violetttöne kaum in Worte fassen können. Im Hochsommer besticht der Wechsel von sanft gerundeten Fjälls, Wildwasser und sich lichtenden Wäldern. Mögen zuweilen dort, wo sich Blockhüttendörfer, Hotels und Lifte in die Landschaft fressen, die Folgen der Tourismusindustrie ins Auge stechen, so gewinnen im Farbenzauber doch Eindrücke Oberhand, die eine stille Liebe zu Lappland wecken.

Für Wanderer ist Hetta idealer Ausgangspunkt zu einem Treck durch den **Nationalpark Pallas-Yllästunturi.**

Info

Tunturi-Lapin luontokeskus Skierri
Peuratie 15][Hetta
Tel. 0400-556215][www.tosilappi.fi

Hotels

■ **Jussantupa**
Ounastie 140][Hetta
Tel. 040-688 2200][www.jussantupa.fi
Oft gelobt, urgemütlich, viel Komfort und einfaches, reichliches Essen. ●●

■ **Lapland Hotel Hetta**
Ounastie 281][Tel. 016-323 700
www.laplandhotels.com
Schlichter skandinavischer Stil, am See Ounasjärvi. Beste Lapplandküche im großen Panoramarestaurant. Pool, Saunen. Auch Apartments. ●●

■ **Lapland Hotel Kilpis**
14206 Käsivarrentie][Kilpisjärvi
Tel. 016-323 300
www.laplandhotels.com
Moderne Räume in warmen Farben. Ideal für Wanderer und Angler. Skisaison bis Mitte Juni! ●●–●●●

Kittilä 8

Die riesige Gemeinde Kittilä (5800 Einw.) am Fuß des **Levitunturi** ist eine Wintersporthochburg mit den Skigebieten **Ylläs** und **Levi.** 30 km südlich steht bei Kaukonen am Ounasjoki das ***Geburtshaus von Reidar Särestöniemi** (1925–1981). Er gehört zu Finnlands bekanntesten Malern des 20. Jhs. Farbintensiv, teils in einem expressionistischen Stil beschäftigte er sich überwiegend mit lappländischen Themen.

Hotel

Ylläsrinne
Ylläsjärvi][Tel. 016-565 441
www.yllasrinne.com
Behaglich-modernes Ambiente (20 Zimmer), lappländische Küche; gute Sportangebote. Ganzjährig geöffnet. ●●●

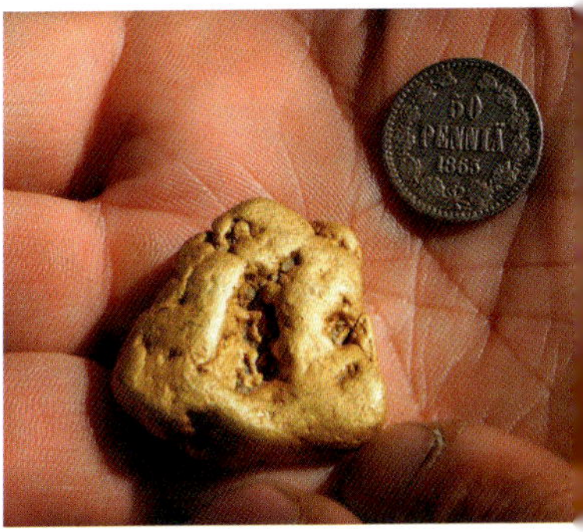

Noch heute birgt der Flusssand bei Tankavaara (meist kleinere) Nuggets

Sodankylä 9 und Umgebung

Zu seinem seit 1986 bestehenden **Mitternachtssonnen-Filmfestival** im Juni erwacht Sodankylä (9200 Einw.) aus seiner provinziellen Ruhe und begrüßt internationale Leinwandgrößen zu vier Tagen Kino rund um die Uhr (www.msfilmfestival.fi).

17 km südlich bietet sich von der E4 ein Abstecher in das Fjällgebiet **Luosto** an, im Winter ein beliebtes Wintersportgebiet. Im Sommer lockt beim Ort Luosto die ***Lampivaara Amethystmine,** die einzige Europas – erreichbar per Auto, zu Fuß (2,5 km) oder mit Skiern (Führungen, Shop › S. 128, www.amethystmine.fi).

Info

Sodankylä Tourist Information
Jäämerentie 3][Tel. 0400-618 870
www.sodankyla.fi

*Tankavaara 10

In Tankavaara dokumentiert ein **Goldgräberdorf mit Museum** die Geschichte der Suche nach dem Gold, von dem heute Touristen unter Anleitung das eine oder andere Körnchen finden. Ende Juli veranstaltet der ungewöhnliche Ort sogar internationale **Goldwäscherwettbewerbe.**

Das **Informationszentrum** (Koilliskairan luontokeskus, Tankavaarantie 11) des ***Urho-Kekkonen-Nationalparks** › S. 137 ist eine wichtige Anlaufstelle für Wanderer. Finnlands zweitgrößtes Reservat (2550 km²) bietet mit Naturzielen, z. B. dem Luiro-See, und Sehenswürdigkeiten wie verlassenen Sámi-Dörfern die ganze Bandbreite dessen, was Lappland ist.

Info

Tankavaaran Kultakylä
Tel. 016-626 158
www.tankavaara.fi

Saariselkä 11

Das Fjälldorf Saariselkä – kompakt und leicht zu Fuß zu erkunden – ist beliebt vor allem bei Winterurlaubern. Mit Skifahren, Wandern,

Karte Seite 124

(Eis-)Fischen und Goldwaschen sind Abwechslung sowie Unterhaltung garantiert.

Außerhalb, bei **Laanila,** führt von der höchsten Stelle der Straße 4 ein Asphaltweg (1 km) auf den Gipfel des **Kaunispää** (438 m; Fjällcafé, Aussichtsturm). Etwa bei Saariselkä verläuft die Waldgrenze, nordwärts beherrschen Zwergbirken und Krüppelkiefern die tundraähnliche Landschaft.

Hotels

■ **Holiday Club Saariselkä**
Saariseläntie 7][Tel. 030-686 6000
www.holidayclubresorts.com
Echt gut!
Im **nördlichsten Wellnesshotel Europas locken eine große Bade-Saunalandschaft** und vielfältige Sportangebote. ●●●

■ **Fjällzentrum Kiilopää**
Kiilopääntie 620
Tel. 016-670 07 00
www.suomenlatu.fi/kiilopaa
Das Angebot des Zentrums umfasst alles vom Hotel bis zur Wildmarkhütte – die Sauna sowieso. ●●

Ivalo (Avvil) 12

In Nordlappland, wo die Entfernungen groß sind, ist Ivalo (3500 Einw.) ein wichtiges Dienstleistungszentrum sowohl für die Einheimischen als auch für Reisende. Es ist ferner Verwaltungssitz der Gemeinde Inari. Am Ortsrand zweigt eine Straße zum Grenzübergang nach Russland, **Raja-Jooseppi,** ab – Murmansk am Eismeer liegt nur 400 km entfernt. In der Umgebung wurde einst ebenfalls Gold gewaschen.

Hotel

Kultahippu
Petsamontie 1][Tel. 016-320 8800
www.kultahippuhotel.fi
Familienhotel (30 Zimmer) mit Lappland-Spezialitäten und dem nördlichsten Nachtclub Finnlands. ●●–●●●

Inari (Anár) 13

Eis bedeckt von November bis Anfang Juni den bis 96 m tiefen **Inari-See,** mit 1085 km² zweitgrößter See der Erde nördlich des Polarkreises. Eislochangeln ist hier im Winter Volkssport. Der Wasserbus pendelt im Sommer zur Insel **Ukonkivi,** wo Sámi dem Gewittergott Ukko opferten. Ihre Kultur beleuchtet das ****Sámi-Museum Siida** (Juni–Sept. 9–20, sonst Di bis So 10–17 Uhr). Beim Museum führt ein Wanderpfad (7 km) zur **Holzkirche** (1760) in der Wildmark des Pielpajärvi, die nur am Johannistag benutzt wird.

Ausflüge zu Goldgräberstätten und Bootstrips bietet das **Feriendorf Valkeaporo** bei **Menesjärvi** am gleichnamigen See (34 km südl. von Inari, Tel. 0400-394 682, www.valkeaporo.fi, ●●).

Das Sámi-Dorf **Njurgulahti,** 11 km westlich, ist das Tor zum **Nationalpark Lemmenjoki,** dem mit 2850 km² Fläche größten Finnlands › S. 112. Über 70 km strömt der Lemmenjoki durch Täler, gesäumt von Kiefernurwäldern, in denen Braunbären und Elche reiche Nahrung finden. Die karge Schönheit der kahlen Fjällkuppen ist so atemraubend wie die Aussicht von oben.

Nach den alten Mythen der Sámi ist der Inari-See ein heiliger Ort

Hotels

Kaamasen Kievari
bei Kaamanen][Tel. 016-672 713
www.kaamasenkievari.fi
Einfache Zimmer und Blockhütten. ●

Tunturikylä Muotkan Ruoktu
Kaamanen][Tel. 016-676 900
www.muotkanruoktu.com
Zentrum mit Hütten, Camping, Aktivangeboten und sehr delikater Küche. ●

Kemijärvi 14 und Umgebung

In Finnlands nördlichster Stadt scheint im Juni die Mitternachtssonne drei Wochen lang. Aber nicht nur dann herrscht am Ufer des idyllischen Sees, der Hauptattraktion, reger Bootsbetrieb. Im südlichen Teil der Gemeinde lockt **Suomutunturi** zum Wandern und zu Skisport aller Art.

Ein Ausflug sollte nordwärts zum fünfkuppigen **Pyhätunturi** (www.pyha.fi) bei **Pelkosenniemi** führen. Das malerische Bild der Landschaft aus dem Sessellift entschädigt für das Extra an Strecke.

Unterkunft

Suomutunturi
An der Straße 5][Tel. 020-728 8680
www.visitkemijarvi.fi
Modernes Ski- und Sommerurlaubszentrum am Polarkreis. Unterkunft in Hotels und komfortablen Hütten. ●●

Kuusamo 15

Kuusamo (17 000 Einw.) zählt landschaftlich noch zu Lappland. Die vielen Seen, Tunturis und Wildmarkgebiete der Umgebung haben den Ort zum Treffpunkt der Kanuten und Angler gemacht, und der Wanderer der **Bärenroute** › S. 136 – vorbei an den eindrucksvollen Felsen von Ristokallio und schäumenden Stromschnellen des Taivalköngäs und durch den **Oulanka-Cañon.**

Info

Kuusamo Info
Torangintaival 2
Tel. 040-860 8365][www.ruka.fi

Hotel

Holiday Club Kuusamon Tropiikki
Kylpyläntie 1][Tel. 030-686 4000
www.holidayclubresorts.com
Niveauvolles Wellnesshotel, auch Apartments. ●●●

Special

Im Niemandsland

Kaum irgendwo in Europa ist das Erlebnis Wildnis noch so intensiv zu erfahren wie in Finnland. Im Nordosten, im Gebiet von Kuusamo, bilden die letzten bewaldeten Wildmarken des Kontinents den Übergang zu baumlosen Fjälls. Nördlich des Polarkreises dominieren arktische Hochebenen mit runden Kuppen und karge, teils sumpfige Einödlandschaften. Und dennoch: Fünf Flughäfen mit regelmäßigen Verbindungen nach Helsinki, gut ausgebaute Straßen und sogar Autoreisezüge machen es leicht, in den hohen Norden Finnlands zu gelangen.

Ideal für Wanderer

Finnlands Nationalparks bieten gut markierte Wanderrouten. An Feuerstellen, Biwaks und Wildmarkhütten fehlt es nicht. Letztere sind teilweise im Voraus über die Tourismus- oder Nationalparkbüros buchbar.

Die Wildmarken sind Wildnis! Darum sollten Sie sich vorab über die Verhältnisse erkundigen. Hinterlassen Sie, wann Sie auf welcher Route losgehen und wann Sie zurückkehren wollen. Wandern Sie nie alleine, bleiben Sie auf den markierten Wegen. Bedenken Sie Ihre eigenen Grenzen: Wenn Sie müde werden oder sich verlaufen haben, rechtzeitig Zuflucht suchen, umkehren oder Hilfe rufen. Statten Sie sich für plötzliche Wettereinbrüche aus. Und: Ein Mobiltelefon kann Leben retten.

! Unverzichtbar sind Plan und Kompass sowie Proviant, auch auf kürzeren Trails.

Bärenrunde im Nationalpark Oulanka

Knapp südlich des Polarkreises und unmittelbar an der russischen Grenze liegt der Nationalpark Oulanka, eine urtümliche Wildnis, die sich nur Wanderern erschließt. Durch dichte, abgelegene Urzonen, in denen noch Braunbären leben, verläuft der ca. 75 km lange Pfad der **Bärenrunde.** Eindrucksvoll ist das Tal des Oulanjoki, über das sich drei schwankende Hängebrücken spannen. Rote Markierungen kennzeichnen die Route, die in 4–6 Tagen zu bewältigen ist. Im Winter fordert sie trotz der Schutzhütten im 10-km-Abstand beste Kondition.

Als Alternative: die **kleine Bärenrunde,** eine Tageswanderung von 9 km. Den Ausgangspunkt bildet das Informationszentrum Kiutaköngäs.

- **Oulanka Visitor Center**
Im Park knapp 60 km nördlich von Kuusamo (Straßen E5, 950, 8693)
www.outdoors.fi
Tgl. Juni–Sept. 10–18, sonst 10–16 Uhr. Tgl. Busse ab Kuusamo (Abfahrt bei den Hotels).

- **Ruka Safaris**
Torangintaival 5][Kuusamo
Tel. 08-852 1610
www.rukasafaris.fi
Touren von Offroad bis Rafting.

!! Der Bärenfall. In Finnland sind etwa 1000 Bären beheimatet, die Anzahl der Begegnungen mit Menschen hat steigende Tendenz. Normalerweise flieht der Bär vor Menschen und deren Stimme (darum sollte man auch in der stillen Natur laut reden oder singen). Bei einem Zusammentreffen ruhig rückwärts gehen, dann geht meistens auch der Bär. Falls ein Bär angreift, sich auf die Erde schmiegen und unbeweglich liegen bleiben.

Urho-Kekkonen-Nationalpark

Lapinhullu nennen Finnen jene Städter, die verrückt genug sind, ausgerüstet mit Wanderschuhen und Zelten ihre urbane Bequemlichkeit gegen die arktische Einsamkeit einzutauschen. Doch die Wildnis lockt. Einen vertretbaren Kompromiss für weniger erfahrene Wanderer bieten Nationalparks wie Urho Kekkonen im Gebiet Koilliskaira bei Saariselkä. Neben den typischen Fjällgebieten präsentiert der Park viele geradezu üppige Auen. Sehenswert sind auch zwei Lappendörfer aus den 1940er-Jahren.

Info

- **Naturzentrum Koilliskaira am Urho-Kekkonen-Nationalpark**
30 km südl. Saariselkä
www.outdoors.fi
März–April Mi–Fr 10–16, Juni–Sept. tgl. 9–16/17 Uhr. Mehrere Busse tgl. ab Rovaniemi.

- **Villi Pohjola**
Tel. 0203-441 22
www.villipohjola.fi
Touren und Hütten in der Wildmark.

Infos von A–Z

Ärztliche Versorgung

Die ambulante ärztliche Versorgung ist für Reisende aus EU-Staaten gegen Vorlage der Europäischen Krankenversicherungskarte kostenlos, abgesehen von den lokal erhobenen Gebühren in Gesundheitszentren (*terveyskeskus;* ca. 14–28 €, je nach Ort) und Polikliniken (ca. 28 €). Alle Rechnungen sind sofort zu bezahlen und später bei der Krankenkasse zur Erstattung einzureichen. Die öffentliche Gesundheitsversorgung ergänzen niedergelassene Ärzte (meist Ärztezentren).

Die Kosten für die fast ausschließlich private zahnmedizinische Behandlung sind in voller Höhe zu entrichten.

Somit ist nicht nur für Schweizer der Abschluss einer Auslandskrankenversicherung, die auch einen medizinisch notwendigen Rücktransport abdeckt, ratsam. Medikamente verkaufen nur Apotheken (*apteekki;* Mo–Fr 9–18, Sa 9–14 Uhr, bei Notdienst bis 22 Uhr).

Behinderte

In einem Drittel der Hotels sind Zimmer, auf den Ostsee-Fährschiffen u.a. die Kabinen (bei Buchung angeben), in den meisten Raststätten und vielen Restaurants Toiletten behindertengerecht ausgestattet. Bei vielen touristischen Attraktionen und öffentlichen Einrichtungen gibt es Rampen. Nähere Auskünfte und die Informationsschrift »Accessible Helsinki« mit etwa 800 Adressen und Beschreibungen bei: Rullaten ry, Pajutie 7, 02770 Espoo, www.rullaten.fi.

Diplomatische Vertretungen

- **Deutsche Botschaft**
Krogiuksentie 4, 00340 Helsinki
Tel. 09-458 580, Fax 4585 8258
www.helsinki.diplo.de

- **Österreichische Botschaft**
Unioninkatu 22, 00130 Helsinki, T el. 09-681 8600, Fax 665 084
www.bmeia.gov.at/helsinki

- **Schweizer Botschaft**
Kalliolinnantie 16 A 2 a,
00140 Helsinki,
Tel. 09-622 9500, Fax 6229 5050,
www.eda.admin.ch/helsinki

Einreise

Für Reisende aus Deutschland, Österreich und der Schweiz genügt der gültige Personalausweis oder Pass.

Elektrizität

Die Stromspannung beträgt 220 Volt, die Steckdosen entsprechen jenen in Deutschland und Österreich, für Schweizer ist es empfehlenswert einen Adapter mitzunehmen, da diese in Finnland eher schwer zu finden sind.

Fahrradvermietung

Polkupyöränvuokraus bieten Jugendherbergen, Hotels, Campingplätze, Feriendörfer, Sportgeschäfte sowie manche Tourismusbüros.

Feiertage

Gesetzliche Feiertage: 1. Jan. (Neujahr); 6. Jan. (Dreikönigsfest); Karfreitag; Ostern; 30. April–1. Mai (Vappu-Fest); Christi Himmelfahrt; Pfingsten; Mittsommerabend und -tag (der dem 23. Juni nächstgelegene Fr und Sa); erster Sa im Nov. (Allerheiligen); 6. Dez. (Unabhängigkeitstag); 25./26. Dez.

Geld und Währung

Der Euro ist offizielles Zahlungsmittel. Nicht im Umlauf sind 1- und 2-Centstücke. Alle Beträge werden auf- oder abgerundet. Kreditkarten werden so gut wie überall akzeptiert. Mit Maestro-Karte und PIN-Nummer erhält man an den meisten Bankautomaten Bargeld.

Haustiere

Bei der Einfuhr von Haustieren aus EU-Ländern ist ein EU-Heimtierpass vorzulegen, das Tier muss durch einen Mikrochip gekennzeichnet sein. Der Heimtierpass muss auch einen Vermerk des Tierarztes über die gültige Tollwutimpfung und die Echinococcose-Behandlung enthalten. Schweizer benötigen für Haustiere einen tierärztlichen Nachweis, der den genannten Bestimmungen entspricht.

Impfungen

Von März bis Oktober ist für die Åland-Inseln und die Regionen Turku, Kokkola und Lappeenranta eine Zeckenschutzimpfung (FSME) empfohlen.

Information

- **Finpro,** Finnisches Außenhandelsbüro, Nymphenburger Str. 20 a, 80335 München, Tel. +49-(0)89-542 6470, ist zuständig für Deutschland, Österreich und die Schweiz.
- Reiseinfos: www.visitfinland.de

Urlaubskasse	
Tasse Kaffee	2 €
Softdrink (Cola, Wasser)	2,50 €
großes Glas Bier	5,20 €
typischer Snack/Imbiss Kolmioleipä	3,50 €
Kugel Eis	1,80 €
Taxifahrt (pro km, für 1–2 Personen)	1,40 €
Grundgebühr tagsüber	5,30 €
Grundgebühr abends	8,30 €
Mietwagen/Tag (Kleinwagen)	90 €
Mietwagen/Tag (Mittelklassewagen)	130 €
1 l Superbenzin	1,67 €

Internet

Fast alle Hotels bieten ihren Gästen Internetzugang, oft kostenlos. In allen Städten gibt es Cafés mit Webzugang oder WiFi, in kleineren Orten ermöglicht dies meist die Bücherei.

Kleidung

In das Sommergepäck gehören außer leichter Kleidung auch Pullover und Regenschutz. Wanderer benötigen festes Schuhwerk, für Lappland Gummistiefel, Winterurlauber sehr warme Kleidung, insbesondere schneefeste Stiefel. Die Finnen kleiden sich gern lässig.

Mietwagen

Die gängigen Mietwagenfirmen sind in jeder Stadt und an größeren Flughäfen vertreten. Die meisten verlangen die Vorlage der Kreditkarte. Der gültige Führerschein des Heimatlandes und ein Mindestalter von 19 bis 24 Jahren sind Voraussetzung.

Mücken

Mücken sind vor allem in Nordfinnland und Lappland sehr lästig. Drogerien, Supermärkte und Apotheken verkaufen erprobte Mückenschutzmittel.

Notruf

Einheitlicher Notruf für Polizei, Feuerwehr und Notarzt: 112.

Öffnungszeiten

- **Geschäfte:** Mo–Fr 9–18/19 Uhr, Warenhäuser und Märkte *(automarket/ ostoskeskus)* bis 21, Sa 9–18 Uhr (teils länger). Lebensmittelgeschäfte sind in den Außenbezirken der großen Städte und in ländlichen Regionen auch am Sonntag geöffnet, ebenfalls die großen Einkaufszentren im Sommer. Dann allerdings schließen manche innerstädtischen Fachgeschäfte samstags.

- **Banken:** Mo–Fr 10–16.30 Uhr, an Flughäfen 6.30–23 Uhr, im Hafen Helsinki-Katajanokka 9–11.30, 15.45 bis 18 Uhr, Hafen Turku 8–11.30, 19.30 bis 21.30 Uhr; Wechselstuben am Hauptbahnhof Helsinki tgl. 8–21 Uhr.
- **Postämter:** Mo–Fr 9–18 Uhr.

Post

Briefmarken erhalten Sie in Postämtern *(posti/post)*, an Automaten, in Schreibwarenläden und in Hotels (Standardbrief/Postkarte: 0,80 €).

Rauchen

Das Rauchen ist in Lokalen, Restaurants, öffentlichen Gebäuden und Verkehrsmitteln verboten.

Sicherheit

Die Kriminalitätsrate liegt in Finnland unter derjenigen der mitteleuropäischen Staaten. Wohnmobilreisenden wird die Übernachtung auf bewachten Plätzen empfohlen.

Souvenirs

Empfehlenswerte Mitbringsel sind Glaswaren, Schmuck, Keramik und anderes Kunsthandwerk, Bekleidung und Heimtextilien.

Tanken

Alle Tankstellen des landesweit gut geknüpften Tankstellennetzes führen auch bleifreies Benzin. Öffnungszeiten: in der Regel 7–21 Uhr, sonntags kürzer, doch man kann (mit Scheinen oder Kreditkarten) an Automaten tanken.

Taxis

Taxis erkennt man am gelben Leuchtzeichen »Taksi«. Rufnummern der Taxistände stehen im Telefonbuch bei Anzeigen und unter »Taksi«. In Helsinki sind sie teurer als im übrigen Land.

Telefon/Handy

Telefonzellen, v.a. Münzapparate sind rar geworden; Postämter und Kioske verkaufen Telefonkarten. Von Finnland ins Ausland wählt man 00, 990, 999 oder 994, gefolgt von Landeskennzahl (Deutschland 49, Österreich 43, Schweiz 41), Ortsvorwahl (ohne 0) und Teilnehmernummer. Vorwahl Finnland: 00358. Nationale Telefonauskunft: 118.
Finnlands Mobilfunkanbieter betreiben ihre Netze landesweit. Fragen Sie Ihren Netzbetreiber nach Roamingkosten. Günstige, lokale Prepaid-Karten sind in »R-Kioski« und Tankstellen erhältlich und werden problemlos freigeschaltet.

Trinkgeld

Generell gibt man in Finnland Trinkgeld nur als Anerkennung für besonders guten Service. Taxifahrer sowie Bedienungen erwarten kein Trinkgeld, da die Preise einen Servicezuschlag enthalten. Waren Sie mit dem Service sehr zufrieden, können Sie sich dennoch erkenntlich zeigen.

Zeit

In Finnland gilt die osteuropäische Zeit, MEZ + 1 Std., mit Sommerzeit.

Zollbestimmungen

Reisenden aus EU-Ländern ist die Einfuhr besteuerter Waren für den eigenen Bedarf oder zur Weitergabe als Geschenk in unbegrenzter Menge gestattet, dieses gilt auch für Alkohol und Tabak. Für Reisende aus der Schweiz gelten bei der Rückreise folgende Freigrenzen: 200 Zigaretten oder 50 Zigarren oder 250 g Tabak; 1 l Spirituosen über plus 2 l alkoholische Getränke unter 15 Vol-%. Für Geschenke und Souvenirs gilt eine Freigrenze von 300 CHF.

Antiquitäten, die älter als 50 Jahre sind, darf man nur mit Erlaubnis des National Board of Antiquities ausführen (www.nba.fi/en/cultural_goods).

Register

Bildnachweis

Alamy/Peter Forsberg: 95, 96; Alamy/Gregory Wrona: 72; APA Publications/Jim Holmes: 15, 18, 42, 65, 74, 77, 81, 83, 89, 93, 100, 102, 105, 111, 120, 131, 135, 137; Arctic Icebar: 67; Bildagentur Huber/Gräfenhain: 13, 27, 30, 119; Bildagentur Kliem: U2-Top12-3, 20, 37, 66, 136; dpa-Bildarchiv: 46; Finnische Zentrale für Tourismus: 2-3, 11, 17, 22, 25, 48; Finnish Tourist Board: 2-1, 115, 116, 133; Fotolia/CHG: U2-Top12-11; Fotolia/Tatiana Edrenkina: U2-Top12-8; Fotolia/Jonas Joensuu: U2-Top12-7; Fotolia/Astrid Meissner: 2-2; Fotolia/Greg Pickens: U2-Top12-9; Udo Haafke: U2-Top12-2, U2-Top12-6, U2-Top12-10, 8, 23, 60, 126; Iitala Group: U2-Top12-4; Volkmar Janicke: 21, 68, 78, 99, 122, 129; Ari Karttunen: 73; Klaus K Hotel: 29; Mikko Laaksonen/Monsuuni: U2-Top12-1; laif/Zenit/Jan-Peter Boening: U2-Top12-05; laif/Galli: 6; laif/Gonzalez: 55, 59, 62; laif/Hirsch: 43; laif/Kirchner: 26; laif/Modrow: 38, 44, 50; laif/hemis.fr/Louis-Marie Perau: 106; LOOK-foto/age fotostock: 121; LOOK-foto/Hauke Dressler: 84; LOOK-foto/Ingolf Pompe: 69; LOOK-foto/Thomas Stankiewicz: 52; Pixelio/EmmaN: U2-Top12-12; Tangomarkkinet.fi: 47; Värttinä Press Photo/Nauska: 40.

Polyglott im Internet: www.polyglott.de

Impressum

Wir freuen uns, dass Sie sich für einen Reiseführer aus dem Polyglott-Programm entschieden haben. Auch wenn alle Informationen aus zuverlässigen Quellen stammen und sorgfältig geprüft sind, lassen sich Fehler nie ganz ausschließen. Wir bitten um Verständnis, dass der Verlag dafür keine Haftung übernehmen kann. Ihre Hinweise und Anregungen sind uns wichtig und helfen uns, die Reiseführer ständig weiter zu verbessern. Bitte schreiben Sie uns:
GVG TRAVEL MEDIA GmbH, ein Unternehmen der GANSKE VERLAGSGRUPPE
Redaktion Polyglott, Harvestehuder Weg 41, 20149 Hamburg, redaktion@polyglott.de

Wir wünschen Ihnen eine gelungene Reise!

Herausgeber: GVG TRAVEL MEDIA GmbH
Redaktionsleitung: Grit Müller
Autoren: Reinhard Rode und Riikka Krenn
Neukonzeption: Riikka Krenn
Redaktion: via-Redaktion Trudie Trox
Bildredaktion: GVG TRAVEL MEDIA GMBH, Ulrich Reißer und Trudie Trox
Layout: Ute Weber, Geretsried
Titeldesign-Konzept: Studio Schübel Werbeagentur GmbH, München
Karten und Pläne: Jochen Fischer und Kartografie GVG TRAVEL MEDIA GMBH, Hamburg
Satz: Schulz Bild + Text, Mainz und Ute Weber, Geretsried
Druck und Bindung: Stürtz Mediendienstleistungen, Würzburg

1. überarbeitete Auflage

Printed in Germany
Dieses Buch wurde auf chlorfrei gebleichtem Papier gedruckt.
ISBN 978-3-8464-0710-3

PEFC
PEFC/04-31-1404

Langenscheidt Mini-Dolmetscher Finnisch

Allgemeines

Guten Morgen.	Hyvää huomenta. [**hüwäh‿huo**·menta]
Guten Tag.	Hyvää päivää. [**hüwäh‿päi**wäh]
Guten Abend.	Hyvää iltaa. [**hüwäh‿il**tah]
Hallo!	Hei! / Terve! [hej / **ter**we]
Wie geht's?	Mitä kuuluu? [**mitä‿kuh**luh]
Danke, gut.	Kiitos hyvää. [**kih**tos‿**hü**wäh]
Ich heiße ...	Nimeni on ... [**ni**meni on]
Auf Wiedersehen.	Näkemiin. [**nä**kemihn]
Morgen	aamu [**ah**mu]
Nachmittag	iltapäivä [**il**tapäiwä]
Abend	ilta [**il**ta]
Nacht	yö [üö]
heute	tänään [**tä**nähn]
morgen	huomenna [**huo**·menna]
gestern	eilen [**ej**len]
Sprechen Sie Deutsch / Englisch?	Puhutteko te saksaa / englantia? [**pu**·hutteko te **ßak**ßah / **eng**lantia]
Wie bitte?	Anteeksi kuinka? [**an**tehkßi‿**kuing**ka]
Ich verstehe nicht.	En ymmärrä. [en **üm**·märrä]
Sagen Sie es bitte nochmals.	Olkaa hyvä ja toistakaa se. [**olkah‿hü**wä‿ja **tois**·takah ße]
..., bitte.	..., olkaa hyvä. [**olkah‿hü**wä]
Danke	Kiitos [**kih**tos]
Keine Ursache.	Kaikin mokomin. [**kai**kim‿**mo**komin]
was / wer / welcher	mitä / kuka / mikä [**mi**tä / **ku**ka / **mi**kä]
wo / wohin	missä / minne [**mis**·sä / **min**·ne]
wie / wie viel	kuinka / paljonko [**kuing**ka / **pal**jongko]
wann / wie lange	milloin / kuinka kauan [**mil**·loin / **kuing**ka **kau**·an]
Wie heißt das?	Kuinka tätä nimitetään? [**kuing**ka **tä**tä **ni**mitetähn]
Wo ist ...?	Missä on ...? [**mis**·sä on]
Können Sie mir helfen?	Voitteko te auttaa minua? [**woit**·teko te **aut**·tah **mi**nua]
ja	kyllä [**kül**·lä]
nein	ei [ej]
Entschuldigen Sie.	Suokaa anteeksi. [**ßuo**kah **an**tehkßi]
Das macht nichts.	Ei se mitään. [**ej‿ße‿mi**tähn]

Shopping

Wie viel kostet das?	Paljonko tämä maksaa? [**pal**jongko **tä**mä **mak**ßah]
Das gefällt mir.	Tämä miellyttää minua. [**tä**mä **mi**·**el**lüt·täh **mi**nua]
Ich nehme es.	Otan sen. [**o**tan **ßen**]
Wo ist eine Bank?	Missä on pankki? [**mis**·sä on **pang**kki]
Geben Sie mir 100 g Käse / zwei Kilo Orangen.	Antakaa minulle sata grammaa juustoa / kaksi kiloa appelsiineja. [**an**takah **mi**nulle **ß**ata **gram**mah **juhs**·toa / **kak**ßi **ki**loa **ap**·pelßihneja]
Haben Sie deutsche Zeitungen?	Onko Teillä saksalaisia sanomalehtiä? [**ong**ko **tejl**·lä **ßak**ßalaißia **ß**anomalechtiä]
Wo kann ich telefonieren / eine Telefonkarte kaufen?	Mistä voin soittaa / ostaa puhelinkortin? [**mis**·tä **woin ßoit**tah / **os**·tah **pu**·helin‿kortin]

Essen und Trinken

Die Speisekarte, bitte.	Saanko ruokalistan. [**ßahng**ko **ruo**kalis·tan]
Brot	leipä [**lej**pä]
Kaffee	kahvi [**kach**wi]
Tee	tee [teh]
mit Milch / Zucker	maidon / sokerin kera [**mai**don / **ßo**kerin **ke**ra]
Orangensaft	appelsiinimehu [**ap**·pelßihni‿me·hu]
Suppe	keitto [**kejt**·to]
Fisch / Meeresfrüchte	kalaa / meren antimia [**ka**lah / **me**ren **an**timia]
Fleisch / Geflügel	lihaa / linnunlihaa [**li**·hah / **lin**·nunli·hah]
Beilagen	lisäkkeitä [**li**ßäkkejtä]
vegetarische Gerichte	kasvisruokia [**kaß**wisruokia]
Eier	munia [**mu**nia]
Salat	salaatti [**ß**alahtti]
Dessert	jälkiruoka [**jäl**kiruoka]
Obst	hedelmiä [**he**delmiä]
Eis	jäätelö [**jäh**telö]
Wein	viini [**wih**ni]
weiß / rot / rosé	valko- / puna- / rosé- [**walko‿** / **puna‿** / **roßeh‿**]
Bier	olut [**o**lut]
Wasser	vesi [**we**ßi]
Mineralwasser	kivennäisvesi [**ki**wen·näisweßi]
mit / ohne Kohlensäure	hiilihapon kera / ilman hiilihappoa [**hih**li‿hapon **ke**ra / **il**man **hih**li‿hap·poa]